Anna Meißner

Dein Hund - Deine Chance

Wie wir mit unseren Hunden persönlich wachsen

W0108605

F&O

Impressum

Bibliografische Informationen der Deutschen Nationalbibliothek
Die Deutsche Nationalbibliothek verzeichnet diese Publikation in
der Deutschen Nationalbibliografie; detaillierte bibliografische Daten
sind im Internet über http://dnb.d-nb.de abrufbar.

ISBN: 978-3-95693-032-4

Coverabbildung: © Aleutie / Shutterstock

© Copyright: FRED & OTTO – der Hundeverlag / 2016/17
www.fredundotto.de

Alle Rechte, auch die des Nachdrucks von Auszügen, der
fotomechanischen und digitalen Wiedergabe und der Übersetzung,
vorbehalten.

Inhalt

1.
Um was es geht und für wen dieses Buch ist?

Bevor du dir dieses Buch kaufst oder es liest, will ich hier einmal klar stellen, für wen ich es geschrieben habe und was du davon erwarten kannst. Hier kannst du ganz leicht prüfen, ob wir bzw. das Buch und du zusammen passen.

Dieses Buch ist für dich, ...

- wenn du erkannt hast, dass du der Schlüssel zu einer liebevollen Mensch-Hund-Beziehung bist.
- wenn du lernen möchtest, wie du dich in schwierigen Situationen mit deinem Hund selbst mental unterstützen kannst.
- wenn du manchmal denkst: „Der einzige, der mich wirklich versteht, ist mein Hund!"
- wenn du den Themen, die dein Hund dir spiegelt, auf die Spur kommen möchtest.
- wenn du dir nicht mehr die Leine aus der Hand nehmen lassen und stattdessen mutig und klar deinen Weg gehen möchtest.
- wenn du gerne berührende Geschichten von Menschen und ihren Hunden liest.
- wenn du dich davon inspirieren lassen möchtest, wie Hunde ihren Menschen eine einzigartige Chance bieten, persönlich zu wachsen.

Warum es dieses Buch braucht

If you want to change, get angry!
Wenn du etwas (ver-)ändern möchtest, spüre deinen Zorn!

Ein Leben mit Hund kann manchmal echt zur Herausforderung werden. Mit Hund hat man nicht nur einen treuen Partner fürs Leben, sondern auch permanent ein Konfliktpotential an der Leine. Im Bemühen, dieses Konfliktpotential in tolerierbare Bahnen zu leiten und einen gesellschaftsfähigen Hund zu formen, habe ich als engagierte Hundehalterin die Hundeschule vom Welpenalter an besucht, nach der passenden artgerechten Auslastungsmethode gesucht, kynologische Fachbücher stapelweise gelesen und über die Zeit diverse Hilfsmittel (Leinen in unterschiedlichen Längen, Halsbänder mit und ohne Zugstopp, Geschirre, Klicker, Leckerli, Spielzeug, usw.) gesammelt. Damit hätte ich mittlerweile theoretisch und praktisch die Qualifikation zur Hundetrainerin erreichen können und trotzdem gelang es mir nicht, manch unerwünschtes Verhalten meines Hundes aus der Welt zu räumen. Das wäre auch nicht weiter schlimm gewesen, wenn es sich nicht immer wieder so angefühlt hätte, als würde sich in mir ein großes schwarzes Loch auftun. Irgendwie schaffte es mein Hund, mich immer wieder in Situationen zu bringen, in denen ich sang- und klanglos unterging. Ich ließ nichts unversucht und habe mir Unterstützung und Hilfe bei den unterschiedlichsten Hundetrainer/innen gesucht. Doch was ich da manchmal zu hören bekam, half mir nicht im Mindesten weiter:

- *Es ist doch überhaupt kein Problem, deinen Hund richtig zu führen.*
- *Du musst einfach (dies oder das) tun, dann ist alles kein Problem.*
- *Da reicht ein gesunder Menschenverstand.*
- *Du bist selbst schuld an deinen Problemen mit Hund.*
- *Du bist zu ruhig, zu sensibel, zu weich und kannst nicht durchgreifen.*
- *Dein Hund spürt deine Unsicherheit, deine Sorge und deine Anspannung.*
- *Du musst deinem Hund Sicherheit geben.*
- *Du hast nicht das passende Energielevel für deinen Hund.*
- *Du verfügst nicht über ausreichend mentale Stärke, bist einfach kein Chef-Typ.*
- *Die Lage ist aussichtslos, dein Hund und du: Da kann man nichts mehr machen.*
- *Weil du so bist, ist dein Hund so.*

Auf den Punkt gebracht: Du bist einfach nicht der richtige Mensch für deinen Hund! Das war ganz schön hart und ehrlich: Es ging mir sehr nahe. Zuerst dachte ich, ich wäre ganz alleine mit diesem Thema und ein besonders schwerer, aussichtsloser Fall. Doch ich konnte beobachten, dass es auch anderen so erging. Plötzlich kam da etwas Neues in mir hoch: ein bis dato mir eher unbekanntes, mächtiges und eindeutiges Gefühl. Ein Bauchgefühl, das sagte: „Jetzt reicht's, das geht gar nicht!" Da war er: Mein Zorn. Endlich! Denn damit fing die Veränderung an. Jetzt konnte ich wieder meinen Mut und meine Kraft spüren. Nein, ich bin kein aussichtsloser Fall! In vielen Bereichen meines Lebens bin ich sogar ziemlich gut. Vor allem wenn es darum geht, Menschen auf die eigene Spur zu helfen und sie zu befähigen, neue, kreative Wege zu gehen. Ich liebe es, mich mit all dem zu befassen, was Menschen persönlich weiterbringt. Das ist mein Beruf, mein täglich Brot, dachte ich, also warum mache ich mich nicht auf die Suche, wie Menschen auch mit ihren Hunden persönlich wachsen können.

Zorn lässt dich deine Grenzen spüren und kann dir Mut und Kraft geben, endlich zu handeln. Dauert es bei dir auch immer ein bisschen länger, bis du deinen Zorn spüren kannst? Dann erzähle ich dir mal, was mich zornig macht, vielleicht kommt dieses machtvolle Gefühl dann auch bei dir an.

Mich macht es zornig, wenn Hundehalter/innen auf der Suche nach der „wahren" Erziehungs- oder Ausbildungsmethode am Rande eines Burnouts sind, weil sie es richtig und gut machen wollen. Sie richten ihr Leben nach den Hunden und haben teilweise schon ihr Zelt auf dem Hundeplatz aufgeschlagen. Doch sie denken immer noch, dass das, was sie für ihren Hund tun, nicht reichen würde. Hundehalter/innen bekriegen sich im Park und auf der Hundewiese, weil sie unterschiedlich mit ihrem Hund arbeiten und andere methodische Ansätze vertreten. Ungefragt werden frisch gebackene Hundeeltern haufenweise mit Tipps und Tricks versorgt. Diese können je nach Hundelehre absolut widersprüchlich sein. Der eine sagt dir, die Leine ist ein Lob, der nächste sagt dir, dein Hund muss frei laufen. Wem soll man denn da noch Glauben schenken? Sind Hundeeltern auf diese Weise geprägt, ist es kein Wunder, dass sie nicht mehr ihrem Gespür für das, was ihnen und ihrem eigenen Hund gut tut, trauen. Es ist kaum mehr vorhanden, weil es im Methodenkrieg fast untergegangen ist.

Wir brauchen Wissenschaftler, um uns bestätigen zu lassen, dass Hunde für ihre Menschen wichtig sind und dass wir eine besondere Beziehung zu ihnen haben. Dass diese nicht nur einseitig ist, Hunde empathisch sind und mit uns kommunizieren, dass weiß jedes Kind. Erwachsene müssen es schwarz auf weiß haben, bevor sie an dieses Wunder glauben.

Da könnte ich fuchsteufelswild werden, wenn Menschen sich als Krone der Schöpfung sehen und ihre Hunde so manipulieren, dass sie ihnen willenlos folgen. Wenn dann noch behauptet wird, es gäbe Führungspersönlichkeiten, die Hunde „natürlich" führen können und dass diejenigen, die darüber nicht verfügen, dies nicht lernen könnten.

Mich nervt es tierisch, dass sich Hundehalter/innen und Hundetrainer/innen das Leben so schwer machen, indem sie sich gegenseitig die Schuld an den Problemen mit den Hunden zuschieben und vor lauter Problemanalyse keine Freude mehr mit ihrem Hund empfinden können. „Diesen Hund habe ich gar nicht verdient!" meinte kürzlich eine Halterin zu mir. Sie hatte das Training abgebrochen, weil sie dachte, sie sei mit ihrem Hund gescheitert.

In der Hundewelt wird die ganze Mensch-Hund-Beziehung auf den Kopf gestellt. Dabei werden im Training und in der Hundeausbildung immer neue Probleme identifiziert. Zur Problembearbeitung entstehen immer neue, kompliziertere Hundeausbildungs-, Trainings- und Auslastungsmethoden. Es wird nach mehr Gesetzen für Hundehalter/innen und nicht zuletzt nach dem Hundeführerschein geschrien. Wir suchen nach Fehlern beim Hund und beim Menschen und machen uns abhängig von Trainer/innen, Methoden und Hilfsmitteln. Da könnte ich aus der Haut fahren! Wenn's dir noch nicht reicht, mir reicht's schon lange!

Das, was ich in der Hundewelt sehe und erlebe, macht mich so wütend, weil mir mein Hund so am Herzen liegt und weil ich es satt habe, dass mir immer wieder die Leine aus der Hand genommen wird oder dass ich mir die Leine aus der Hand nehmen lasse. Mein Hund hat mich daran erinnert, dass es hier um etwas viel Größeres geht. Ich weiß, es würde mich nicht so in Rage bringen, wenn dahinter nicht ein hoher Wert stehen würde und ich fragte mich, wenn es nicht um den Hund geht, worum geht es mir dann? Meist, wenn Menschen sich aufregen oder ihnen etwas nahe geht, geht es um ihre Werte. Also das, was ihnen im Leben wichtig ist. Mein Hund steht für meine innere Freiheit. Dieser Wert ist grundlegend für Persönlichkeitsentwicklung und sie braucht ganz viel davon.

Wir können als Menschen nicht aus unserer Haut und das müssen wir auch gar nicht. Persönlichkeitsentwicklung mit Hund bedeutet nicht, dass wir ein anderer Mensch werden müssen, um unseren Hund zu führen. Es heißt, dass wir lernen dürfen, so zu sein, wie wir sind und anzuerkennen, dass wir gut sind, so wie wir sind.

Menschen die Freiheit zuzugestehen, dass sie gut und ihre eigenen Expert/innen für ihre Beziehung mit Hund sind, schafft erst die Voraussetzung, damit sie mit Hund über sich selbst hinaus wachsen können. Wir sind durchaus in der Lage, Lösungen für Konflikte mit Hund zu finden. Konflikte gehören zum Leben und auch zu einem Leben mit Hund dazu. Die Mensch-Hund-Beziehung besteht aus zwei einzigartigen Wesen, die ihre eigene Sprache finden und ein individuelles Leben führen dürfen. Es ist normal, dass es dabei zu Konflikten kommt und kein Grund die Mensch-Hund-Beziehung zu problematisieren, an ihr zu zweifeln und sich mit Hund in tier-psychologische Behandlung zu begeben. Freiheit für Persönlichkeitsentwicklung mit Hund ist da, wo wir wertschätzend miteinander kommunizieren und unsere eigenen Meinungen, Haltungen und Überzeugungen über Hunde und auch über Menschen reflektieren, hinterfragen und ändern können. Jeder Mensch hat das Recht, sein Leben mit oder ohne Hund so zu führen, wie er möchte, solange er niemandem damit schadet. Dazu gehört auch seine Entscheidungsfreiheit, z. B. bei der Wahl der Ernährung. Ich denke, du verstehst, dass ich mir von niemanden vorschreiben lasse, was ich im Restaurant bestelle und ebenfalls nicht, was ich meinem Hund serviere. Das geht definitiv zu weit. Wie wäre es, wenn wir endlich anerkennen, dass jeder Mensch und jeder Hund verschieden ist und dass es daher keine Rezepte weder für die Ernährung noch für Erziehung geben kann, die für jede/n passen. Nur wenn wir offen sind für die Vielfalt von Lebensführung mit Hund, können wir Räume schaffen, in denen jede/r in seinem Tempo und auf seine Weise Hunde authentisch führen lernen kann. Mein Hund steht für meine innere Freiheit. Er hat mich daran erinnert, dass (Lebens-)Führung genau diese braucht. Die innere Freiheit ist eine Haltung, die mir erlaubt, auf mich und meinen Hund zu achten. Mein Hund nimmt mir nämlich nicht ab, dass ich führen möchte, wenn ich mich nur an Trainer/innen, Methoden und Hilfsmittel halte und das tue, was andere meinen, was für mich gut und richtig wäre, obwohl es im Widerspruch zu meinen und womöglich auch zu seinen Bedürfnissen steht. Unser Hund folgt uns, wenn wir uns selbst führen und unabhängig von dem, was andere von uns denken oder halten könnten, das tun, was uns selbst und unserem Hund gerade gut tut.

Mir tut es gerade gut, mich frei zu schreiben und es ist meine Freiheit, auch mal unkonventionelle Wege zu gehen und ein Buch über Persönlichkeitsentwicklung zu schreiben. Es braucht dieses Buch, um endlich mit all den althergebrachten dogmatischen Annahmen über Menschen und ihre Hunde aufzuräumen.

Es gibt keine Führungseigenschaften, die Menschen in die Wiege gelegt werden und auch nicht die eine wahre Methode, wie man Hunde richtig führen kann. Es stimmt einfach nicht, dass du deinen Hund nur richtig erziehen und ausbilden musst, damit er dir folgt; dass du alleine verantwortlich bist für die Schwierigkeiten in deinem Leben mit Hund; dass dir die körperliche oder mentale Stärke fehlt und du dich daher bitteschön noch mehr anstrengen musst; dass du nur, weil du „so oder so" bist, deinen Hund nicht durch schwierige Situationen führen kannst und dass es den „richtigen" Hund für dich gibt.

Führung fängt bei dir an. Es ist eine Haltung, die Kraft der inneren Einstellung, die du zusammen mit deinem Hund entwickeln kannst. Dein Hund kann dir dabei helfen, denn er merkt es ganz genau, wenn du deine innere Freiheit spürst, und du bei dir selbst bist. Methoden, Hilfsmittel und Training sind wichtig, aber es braucht nicht noch mehr davon, um mit deinem Hund persönlich zu wachsen und ihn führen zu lernen. Für Persönlichkeitsentwicklung mit Hund braucht es mehr Freiheit und mehr Freiraum in der Hundewelt und daher braucht es dieses Buch.

Was dieses Buch mit dir machen wird

Du hast sicher schon viele Menschen erlebt, die dir gesagt haben, sie wüssten genau, was dein Hund braucht und was dein Problem ist. Menschen, bei denen es so ausgesehen hat, als ob alles easy wäre und ihr Erfolg mit Hunden in ihrer beeindruckenden Persönlichkeit begründet liegt. Ich weiß, dass du daher zu recht skeptisch bist, wie dieses Buch dir weiter helfen soll, so zu werden wie deine Vorbilder. Behalte dir bitte diese Skepsis bei. Es ist gut, dass du vorsichtig bist und nicht sofort allem und jedem Glauben schenkst. Aus diesem Grund möchte ich dir hier auch nichts versprechen, was ich am Ende nicht halten kann.

In diesem Buch geht es um Persönlichkeitsentwicklung mit Hund. Das heißt, es geht um dich und darum, wie du mit deinem Hund persönlich wachsen kannst. Es erhebt keinen Anspruch auf Wahrheit, will kein Hundewissen vermitteln, keine neue Methode, keinen neuen Ansatz in der Hundeerziehung proklamieren. Das Buch ersetzt keine Hundeverhaltensberatung, kein Hundeverhaltenstraining und sicher auch nicht den Tierarzt. Darüber hinaus macht es dich auch nicht automatisch zur Kommandomaschine oder zum/r charismatischen Hundeführer/in, der oder dem sich alle Hunde bedingungslos anschließen und ohne Widerspruch folgen. Sorry, hier bekommst du kein Super-Tool, das deinen Hund zum wohlerzogenen Blümchenhund macht. Aber Vorsicht! Es könnte sich tatsächlich etwas ändern. Denn dieses Buch nimmt dich mit auf eine Reise zu dir selbst und beginnt an einer Stelle, an der dich kein Hundetraining, keine Methode und kein Hilfsmittel weiterbringen, weil es manchmal mehr braucht: mehr Zeit, mehr Tiefe, mehr Beschäftigung mit dir.

Mein Ziel war es, ein Buch zu schreiben, mit dem du arbeiten kannst. Wie du das machst, das entscheidest du selbst. Ich möchte dir nicht die Leine aus der Hand nehmen. Vielmehr möchte ich sie dir mit diesem Buch zurückgeben.

Du kannst mit dem Buch arbeiten, indem du es z. B. von vorne nach hinten und von hinten nach vorne liest. Je nach Bedarf kannst du es ins Regal stellen, zur Hand nehmen, einfach bei dir tragen oder dir ein paar Zeilen zu Gemüte führen. Zieh das heraus, was du herausziehen möchtest. Alles andere kannst du einfach so stehen lassen oder meinetwegen auch den Rotstift ansetzen und streichen. Dazu lässt es sich an allen möglichen Stellen zufällig aufschlagen oder einfach durchblättern. Du darfst es unbeschrieben lassen, mit bunten Farben Bilder hinein malen oder auch nur mit Bleistift deine Gedanken an den Rand notieren. Du musst nicht mit dem Buch arbeiten, es arbeitet auch mal mit dir, einfach so.

Es gibt wie in jeder Geschichte eine Einleitung, einen Hauptteil und einen Schluss. In der Einleitung schreibe ich, warum ich meine, dass es ein Buch über Persönlichkeitsentwicklung mit Hund braucht und wie du mit diesem Buch arbeiten kannst. Im Hauptteil gibt es zuerst einen Teil, in dem ich dir einen Überblick über Denk- und Handlungsmuster gebe, die uns in die Endlosschleife hinein manövrieren und wie du wieder aus ihr herausfinden kannst. Darauf folgen zehn Kapitel mit unterschiedlichen Impulsen, wie du mit deinem Hund persönlich wachsen kannst. Diese Kapitel beginnen jeweils mit einem Zitat oder einem Gedanken, der dir eine kleine Inspiration sein möchte. Manchmal reicht das ja schon aus, um sich wieder daran zu erinnern, worum es im Leben mit Hund geht. In jedem Kapitel findest du dazu noch Übungen für dich und bewegende Berichte von Menschen und ihren Hunden aus meiner Arbeit. Zu Beginn eines jeden Kapitels gibt es eine kurze Übersicht. Daran kannst du dich orientieren und dann entscheiden, ob du tiefer einsteigen möchtest. Die Kapitel folgen keiner bestimmten Logik von Persönlichkeitsentwicklung und bauen auch nicht zwingend aufeinander auf. Woher sollte ich auch wissen, was für dich jetzt gerade wichtig ist? Jeder Mensch steht an einem anderen Punkt im Leben, an dem ihm dieses Buch in die Hände fällt. Du kannst mit dem Kapitel beginnen, das dich gerade anspricht. Schau, was für dich passt. Den Rest darfst du weglassen oder auch gerne noch etwas hinzufügen. Bleib offen für deine eigenen Idee während des Lesens und wenn du magst, dann schreibe sie dir in den Text. Mache dieses Buch zu deinem Buch!

Mein Ziel mit diesem Buch ist erreicht, wenn du dich und deine schwierigen Situationen mit Hund einmal aus einer anderen Perspektive wahrnehmen und dein „Chaoshund" als Chance für dich sehen kannst. Es würde mich unglaublich freuen, wenn du damit lernst, wann du wieder in die Endlosschleife gerätst und dass du, wenn du möchtest, dich selbst daraus befreien kannst. Ich möchte dich neugierig machen, mal etwas anderes zu versuchen und deine bisherige Denkweise mutig auf den Kopf zu stellen. Doch mein Teil ist mit dem Schreiben des Buches sowieso erledigt, ich habe es nicht mehr in der Hand und bin, wenn du das hier liest, schön längst aus der Nummer raus. Nun kommt es darauf an, was du aus dem Buch und was das Buch mit dir machen wird.

2.
Raus aus der Endlosschleife

Jeder bekommt den Hund, den er braucht

Schwierige Situationen mit Hund müssen von außen gar nicht dramatisch aussehen. Ganz oft sieht man keine spitzen Zähne und es fließt überhaupt kein Blut. Das sind die Momente, in denen dein Hund eine Katze sieht, außer Rand und Band ist und sich von dir nicht beruhigen lässt. Momente, in denen dir andere Menschen im Hundetraining zusehen, wie dein Hund macht, was er will und du dich schämst, weil du ihn nicht im Griff hast. Dann, wenn du dich über deinen Besuch ärgerst, weil er sich nicht an die Diät für deinen Hund hält und ihn mit Chips und Salzstängelchen füttert oder die Hausregeln ignoriert. Der Nachbar ein großes Schild mit „Hunde verboten" aufstellt oder sich bei der Hausverhaltung über einen Hund beschwert, der angeblich ununterbrochen bellen soll. Schwierig können auch Hundebegegnungen sein, in denen dich das Hundegegenüber über den Haufen rennt und du deinen Hund nicht beschützen kannst, weil es dir nicht gelingt, weder den anderen Hund noch den anderen Menschen zu begrenzen. Es sind die Situationen, in denen du die Katastrophe kommen siehst, aber nichts dazu tust, um sie abzuwenden, deinen Hund ableinst, obwohl du gesehen hast, dass er den Hasen schon in der Nase hatte. Der Moment, in dem dein Hund an der Leine explodiert und du dir keinen Reim drauf machen kannst, was er schon wieder hat und der kurze Augenblick, indem dein Herz kleine Risse bekommt, weil die Hundetrainerin meint: „Wenn du mit deinem Hund nicht klar kommst, dann gib ihn doch mir, da ist er gut aufgehoben!"

Schwierig wird es also meistens dann, wenn es um deinen Hund geht; wenn du denkst, du wüsstest, was du tun solltest, aber es nicht tun kannst, weil sich dir diese fiesen, unsichtbaren Stolpersteine in den Weg legen. Dabei scheint die Lösung auf der Hand zu liegen. Denn jeder bekommt den Hund, den braucht, oder nicht?

Ich bin überzeugt, dass das, was dein Hund von dir fordert, dich persönlich weiterbringen kann. Doch der Satz „Jeder bekommt den Hund, den er braucht" stimmt nicht für alle Menschen gleichermaßen und zu jeder Zeit. Natürlich ist da was dran und man kann den Satz als Anlass nehmen, sich zu reflektieren und über seine Beziehung zum Hund nachzudenken. Doch obwohl er vielleicht gut gemeint und tröstlich daher kommen soll, kann man durchaus hören: „Du hast dir dein Problem selbst ausgesucht!" Locker daher gesagt ignoriert der Satz, dass Probleme und vor allem Probleme mit Hund ziemlich schmerzlich sein können. Mit diesen wenigen Worten werden alle Sorgen und Nöte von Hundehalter/innen einfach abgetan. Die Aussage lässt dafür keinen Raum und zwingt einen förmlich, die Verantwortung für alle Probleme mit Hund auf die eigene Kappe zu nehmen. Das macht noch mehr Druck, etwas (an sich) ändern zu müssen.

In Momenten, in denen es Menschen schlecht geht, brauchen sie nicht noch einen schlauen Spruch, sondern Verständnis dafür, dass es gerade schwierig ist. Wenn ich diesen Satz zu hören bekam, dachte ich wütend: „Dieser Satz ist echt das Allerletzte! Die Leute, die das sagen, haben einfach keine Ahnung, wie schwierig das alles für mich ist und wollen mir nur meine Unfähigkeit vor Augen halten und dass ich gerade überhaupt nichts Positives an meinem Problemhund sehen kann. Lasst mich mit eurer rosa Hundebrille einfach in Frieden!"

Es gibt viele Situationen mit Hund, an denen überhaupt nichts Schönes zu finden ist und die Hundehalter/innen zur Verzweiflung bringen können. Es gibt Hunde, die nicht alleine bleiben können, dich stalken und auf Schritt und Tritt verfolgen. Andere Hunde provozieren alleine durch ihre Anwesenheit Ärger mit den Nachbarn. Dann gibt es wiederum Hunde, vor denen sich dein Besuch fürchtet, weil sie jeden an der Haustüre giftig anknurren. Und auch wenn es lustig klingt, manche/r Hundebesitzer/in rauft sich die Haare und weiß absolut nicht mehr ein noch aus, weil der Hund wie ein hungriger Staubsauger drinnen und draußen Abfälle und Unrat aufsammelt oder noch besser sich genüsslich in Aas und Exkrementen wälzt. Vielleicht kennst du auch einen Hund, der seinen Menschen einfach am Waldrand stehen lässt und alleine jagen geht. Dann gibt es auch die Hunde, die kleine Kinder erschrecken, indem sie sie hinterrücks anbellen. Das ist überhaupt kein Spaß! Hunde können einen fertig machen, indem sie sich kein Stück an einem orientieren und liebevolles Engagement nicht würdigen oder in Situationen, in denen man selbst unsicher, traurig oder wütend ist, selbst durchdrehen, nervös werden und genau diese Befindlichkeiten direkt nach außen tragen. Es kann sehr verletzend sein, wenn du von deinem Hund nur wahrgenommen wirst und er nur kommt, wenn du das entsprechende Futter dabei hast. Keiner nimmt es auf die leichte Schulter, wenn der Hund ihn oder sie an der Leine wie wild durch die Gegend zieht und dann auch noch in Hundebegegnungen explodiert.

Zudem kann man mit Hunden auch in existenzielle Nöte geraten, z. B. wenn der Hund die Einrichtung demoliert, die Autositze herausreißt oder sich permanent krank meldet und nach dem Tierarzt schreit.

KEINER braucht so einen Hund. Kein Mensch braucht DAS. Niemand hat sich diese Probleme selbst ausgesucht. Niemand fühlt sich gerne verzweifelt, rat- und hilflos. Der Satz „Jeder bekommt den Hund, den er braucht" ist in diesen Momenten echt hart zu nehmen, denn anstatt dich zu trösten, wirft er dich auf dich selbst zurück und unterstellt dir, dass deine Probleme mit Hund hausgemacht sind. Sind sie das wirklich? Was haben die Probleme mit deinem Hund mit dir zu tun?

Was haben die Probleme mit deinem Hund mit dir zu tun?

So sehr man eine Abwehr gegen pauschale Aussagen à la „Du hast halt den Hund, den du verdienst" entwickeln mag: Diese Bemerkungen wirken. Sie wirken vor allem dann, wenn es dir um etwas so Wichtiges wie deinen Hund geht, du bereits oft versucht hast, die Probleme zu lösen und immer wieder an den selben Punkt kommst, dass du denkst, es könnte womöglich doch an dir liegen. Dann geht's ganz schnell. Zack, da sind sie: die dicken, fetten Schuldgefühle, klebrige und zähe Viecher, die dich unaufhaltsam in ein tiefes schwarzes Loch ziehen. Hast du es verbockt? Hast du dir deine Probleme mit Hund selbst geschaffen? Vielleicht – vielleicht auch nicht. Niemand kann das mit absoluter Gewissheit sagen, was gewesen wäre, wenn du Dinge anders gemacht hättest, wenn manches anders gelaufen wäre. Hätte, hätte Fahrradkette. Hör bloß auf, dir zu überlegen, was alles hätte sein können.

Wir sind es gewohnt, immer nach den Ursachen zu suchen, nach den Indizien, die uns als Angeklagte auf der Schuldbank festnageln. Schuldig im Sinne der Anklage oder Freispruch? Dieses schlussfolgernde Denken, das von einem Ursache-Wirkung-Zusammenhang ausgeht und nach Regeln sucht, ist hier jedoch fehl am Platz. Zwar vermittelt es uns ein Gefühl von Kontrolle, doch am Ende führt es nicht zu einer Lösung. Es führt nur dazu, dass sich die Kette unendlich weiter dreht und du immerfort in der Endlosschleife feststecken bleibst.

Mensch und Hund sind keine Maschinen, sondern soziale Wesen, die in Beziehungen leben. Beziehungen sind ein komplexes Gefüge zwischen einzigartigen Persönlichkeiten. Die Zusammenhänge zwischen Auslöser und Verhalten können daher gar nicht alle über einen Kamm geschoren werden. Sowohl der Hund als auch der Mensch können als eigenständige Persönlichkeiten mit eigenen Problemlösungsstrategien gesehen werden. Dein Hund ist also nicht einfach der Spiegel deiner Seele. Er spiegelt dir möglicherweise in einer Situation einen inneren Konflikt zwischen dem, was du denkst, wie du sein und was du tun SOLLST und dem, was du wirklich bist/sein und tun WILLST.

Menschen, die vom Verhalten des Hundes auf die gesamte Persönlichkeit des Halters schließen und daraus folgern, weil du so oder so fühlst, denkst, handelst, ist dein Hund so, machen es sich zu einfach. Ableitungen nach dem Motto: Problemhund = Problem-Hundehalter-Persönlichkeit greifen deutlich zu kurz. Menschen, die über Jahre und Jahrzehnte Hunde gehalten haben, können trotzdem mit dem nächsten Hund an persönliche Grenzen stoßen.

Die Gründe für Probleme in der Mensch-Hund-Beziehung sind vielfältig. Es kann am Hund liegen, am Menschen, am Umfeld und aus einer Kombination und den Wechselwirkungen daraus. Wer welchen Anteil daran hat und wie es dazu kam, wirst du nie mit absoluter Sicherheit sagen können.

Egal wie es dazu kam und was womöglich die Ursache dafür ist, die Probleme mit deinem Hund haben insofern etwas mit dir zu tun, als dass du sie als solche wahrnimmst und trotz großer Mühe mit deinen bisherigen Denk- bzw. Handlungsmustern nicht lösen konntest. Bevor du dich weiter daran abarbeitest, schlage ich vor, wir machen nicht noch eine Problemanalyse, sondern schauen uns an, wie unsere gewohnten Denk- und Handlungsmuster uns in eine Endlosschleife manövrieren und welche Anstrengungen du ab sofort einfach mal lassen kannst, weil sie dich der Lösung keinen Schritt näher bringen.

Woran du erkennst, dass du in der Endlosschleife steckst

Weil wir in der schwierigen Situation keine passende Lösung finden und uns nicht zu helfen wissen, greifen wir oft unbewusst auf gewohnte Denk- bzw. Handlungsmuster zurück. Allerdings hast du vielleicht schon bemerkt, dass diese Wege bedauerlicherweise nicht zum gewünschten Ergebnis führen. Dennoch ist es wichtig, sie zu kennen. Erst wenn du weißt, wie diese Irrwege aussehen, kannst du deine Richtung ändern und dich frei entscheiden, deinen eigenen Weg zu gehen.

1. Materialschlacht

War das Hundetraining nicht erfolgreich, der Spaziergang wieder einmal der blanke Horror? Dann fahre auf dem Rückweg noch schnell beim Zoobedarf vorbei, kaufe dir und deinem Hund was Nettes. Gönn dir eine Tafel Schokolade, eine Zigarette oder ein Glas Wein. Drück deine Sorgen einfach weg. Für den Moment hilft es, etwas zu konsumieren, sich abzulenken und über Probleme drüber zu wischen: „Wird schon werden. Beim nächsten Mal klappt's bestimmt!" Auf Dauer kann das eine recht kostspielige Angelegenheit sein, Ärger, Wut, Angst und Schmerz zu deckeln. Die Probleme mit deinem Hund mit einer Materialschlacht zu bekämpfen, gehört leider zu den Fehlinvestitionen.

2. Von einem Stein zum anderen springen

Wenn's mal wieder schwierig wird, du unsicher wirst, weil etwas nicht so funktioniert, wie du es dir wünschst, dann wechsle rasch die Methode oder fordere im Training einen neuen Ansatz. Wenn das nicht hilft, dann möchtest du den/die Trainer/in oder gleich ganz die Hundeschule wechseln. Eine Methode muss schließlich funktionieren und zu messbaren Ergebnissen führen; und das nicht erst in ein paar Monaten oder Jahren, sondern gleich oder zumindest nach wenigen Tagen. Du brauchst etwas, das dir jetzt direkt hilft. Du stehst unter Druck und so springst du von einem Stein zum anderen, von einer Methode, von einem Trainingsansatz, von einer Hundeschule zur nächsten. Irgendwann wird sich doch jemand auftreiben lassen, der dir den richtigen Tipp geben kann.

3. Hör nicht auf dein Gefühl!

In schwierigen Situationen mit deinem Hund meldet sich deine innere Stimme und sagt dir aus dem (Bauch-) Gefühl heraus klipp und klar, was dir bzw. euch beiden gerade nicht gut tut. Doch du hörst besser nicht auf sie. Du hast Angst, (Bauch-) Gefühle könnten als Argumente in Konfliktsituationen nicht Stand halten. Daher brauchst du kompetente Verstärkung und baust auf die Autorität deiner Trainingskolleg/innen oder der Hundetrainer/in. Die müssen doch wissen, was mit dir los ist und was du brauchst. Du lässt dich und die Beziehung zu deinem Hund x-mal von anderen überprüfen, einschätzen, bewerten, kritisieren und dir auf den Kopf zusagen, was und warum es mit euch beiden nicht funktioniert. Du musst schlussendlich zugeben: Du bist das Problem!

4. Die Suche nach dem Stein der Weisen

Gehörst du zu den Menschen, die wenn sie eine Schwierigkeit haben, alles darüber recherchieren, das Internet durchforsten und sich alle verfügbaren Bücher zulegen? Bist du nicht die interessierte Hundehalterin, die kürzlich bei der Trainerfortbildung gesichtet wurde? Machst du bereits eine Ausbildung zur Hundetrainerin/zum Hundetrainer oder hast du schon einmal darüber nachgedacht?

Auf diesem Weg lernst du natürlich einen Haufen kynologischer (dieses Wort kennt mein Textverarbeitungsprogramm nicht mal) Fachbegriffe, die Körpersprache des Hundes, sein Verhalten entsprechend zu beurteilen und zu bewerten; du lernst alles Mögliche über Konditionierungsmethoden, Lerntheorie und Trainingsaufbau; du lernst sicher auch, was man alles in der Hundeerziehung und -ausbildung richtig und auch Vieles, was man falsch machen kann und bestimmt noch einiges Nützliches mehr. Und dann? Dann kommt wieder dieser Moment mit deinem Hund, in welchem dich deine Gefühle überrollen, dein Gehirn aussetzt und du an der Achillesferse getroffen zu Boden gehst.

5. Ab morgen wird ALLES anders!

Dieser Irrweg ist der kürzeste Weg überhaupt, du kommst nämlich physisch gesehen gar nicht in Bewegung. Um die schwierige Situation in den Griff zu bekommen, beschäftigst du dich gedanklich exzessiv damit, Pläne zu schmieden und Listen anzufertigen, was du ab morgen alles ändern wirst. Ähnlich wie zu Beginn eines neuen Jahres fasst du gute Vorsätze. Du möchtest, dass dein Hund hinter dir zu Türe rausläuft, auf dem Spaziergang im Fuß läuft, du möchtest wieder mehr mit deinem Hund machen, suchst im Internet nach Kursangeboten, usw. Du strukturierst im Kopf deinen kompletten Alltag um, denn es soll ja spätestens morgen ALLES anders werden. Pläne und Listen vermitteln dir den Eindruck von Sicherheit und Kontrolle, denn du kannst scheinbar etwas tun – auch wenn es nur graue Theorie ist und du die Pläne alsbald wieder über den Haufen werden wirst.

6. Da muss er durch: Untrainiert zu den Olympischen Spielen

Stell dich der Situation! Da musst du einfach durch! Was dich nicht umbringt, macht dich härter! Augen zu und durch! Willkommen im Bootcamp der Hundeerziehung. Stehst du auf Schmerzen? Prima, dann bist du hier genau richtig. Mach ruhig weiter so. Prügel dich und deinen Hund durch die schwierigen Situationen und wunder dich am Ende, warum ihr euch auch nach 100 Misserfolgen immer noch nicht verbessert habt. Jede negative Erfahrung füttert den Zweifel, der dir einredet, dass du es niemals schaffen wirst.

Dieser Weg ist in etwa so, wie wenn du dich heute noch bei den Olympischen Spielen anmelden würdest, so wie du gerade bist, ohne Training und ohne Muskeln. Sportler brauchen jahrelanges Training, einen ganz bestimmten, individuell angepassten Trainingsaufbau, eine spezielle Ernährung und immer wieder Pausenzeiten. Wenn du dich deiner schwierigen Situation auf Teufel komm raus stellst, dann ist das wie unvorbereitet zum Wettkampf zu erscheinen und trotzdem auf olympisches Gold zu hoffen. Auch wenn die Chancen schlecht stehen, wir grämen uns immer wieder, wenn das nicht hinhaut.

7. Schuldbekenntnisse

Dass du auf diesem Weg bist, erkennst du daran, dass du für jeden vermeintlichen Fehler zum Ausgangspunkt zurück spurtest und dort nochmal gedanklich Revue passieren lässt, welche Fehler du bisher alle gemacht hast. Wenn du eine schwierige Situation mit deinem Hund erlebt hast, dann bekennst du dich dafür schuldig. Es war ja auch absehbar, dass das Projekt Hund mit dir zum Scheitern verurteilt ist. Geh in Gedanken nochmal alle

Misserfolge durch und mach dir klar, was bei dir alles nicht funktioniert. Das ist als ob du dir für jede schlechte Erinnerung einen schweren Stein in deinen imaginären Rucksack packen würdest. Fühlst du deinen mit schweren Steinen gefüllten Rucksack? Dieser drückt immens auf deinen Selbstwert. Du hast Herz-Schmerzen und bald keine Kraft mehr, jeder noch so kleine Schritt kostet dich Überwindung.

8. Die Anderen zur Verantwortung ziehen
Die, die eigentlich Hilfe brauchen, das sind die Anderen. Auf der Hundewiese, in Hundeplauschgruppen oder in Internet-Hundeforen kannst du dich über die Intoleranz gegenüber Hundehaltern beschweren, dich über die bösen Radfahrer, die verantwortungslosen Eltern, die Darf-ich-mal-streicheln-Kinder, die Laissez-Faire-Hundebesitzer, die Aggro-Jogger, die Häufchen-Hinterlasser, die Laientrainer, die Wattebäuschler, die Leckerlie-Fraktion, die Kyno-Phobiker, die Hundesteuer … oder sonst wen aufregen, der dir das Leben als Hundebesitzer/in schwer macht. Diesen Leuten sollte man wirklich mal erklären, wie es mit Hund zu laufen hat. Du scheust diesbezüglich auch keinen Konflikt. Du engagierst dich und hast schon viel versucht, um anderen die Regeln zu erklären, aber stößt leider viel zu oft auf taube Ohren. Die Welt ist einfach ein fieser Ort für Hundehalter/innen. Du siehst im Grunde auch keine Möglichkeit, etwas daran zu ändern, solange es die anderen nicht tun.

9. Profi-Vergleich
Bisher war keine Strategie dabei, in welcher du dich wiedererkannt hast? Du weißt nämlich, wie es gehen sollte,

du hast deine Idealvorstellungen und richtest dich an ihnen aus. Für dich hieße richtiges Führen, dass dein Hund dir ohne Leckerli und ohne Hilfsmittel folgt, weil er dich so gern haben sollte, wie du bist. Wenn das nicht funktioniert, muss irgendetwas an dir nicht stimmen. Du machst den Profi-Vergleich und fragst dich immer wieder, warum es bei dir nicht auf Anhieb funktioniert. Irgendetwas machst du falsch. Du gibst dir unglaublich viel Mühe mit deinem Hund und strengst dich an, denn du willst es nicht nur gut, sondern perfekt machen. Es reibt dich auf, dass dein Hund nicht funktioniert und es dir einfach (noch) nicht gelingen will, ihn zu einem vorzeigbaren Hund zu erziehen. Im Stress versuchst du, mit deinem Hund alles richtig zu machen und scheiterst doch immer wieder an deinem eigenen Anspruch.

10. Gehirnkrampf

Hast du noch immer nicht herausgefunden, woher die Probleme mit deinem Hund herrühren? Dann musst du einfach noch ein bisschen tiefer graben. Besonders nach Misserfolgen bietet sich eine ausführliche Problemanalyse an. Du möchtest doch den Fehler in der Matrix finden, wissen, warum es wie dazu gekommen ist, um beim nächsten Mal – so lautet zumindest die Theorie – anders handeln zu können. Frei nach dem Motto: Problem erkannt, Problem gebannt, überlegst du fieberhaft, wie das damals war, als das Problem zum ersten Mal aufgetreten ist, ob du das Problem noch aus anderen Zusammenhängen kennst und was das Problem bei deinem Hund wieder ausgelöst haben könnte. Du gehst in Gedanken die schwierigen Situationen immer wieder durch, um dieses Detail zu finden, das dir zur Lösung fehlt. Du sprichst mit fachkundigen Menschen, die ähnliche Erfahrungen wie du gemacht haben und fragst sie nach deren Einschätzung. Ihr interpretiert, analysiert und mutmaßt, was es alles sein könnte, bis am Ende vor lauter Optionen dein Gehirn krampft.

Du musst keine schlafenden Hunde wecken

Hast du tatsächlich bis hierher alles gelesen. Puh! Das halte ich nicht für selbstverständlich. Wenn wir uns bewusst machen, wie wir uns selbst sabotieren, passiert es ganz schnell, dass die Endlosschleife sich von vorne zu drehen beginnt und du ganz automatisch einsteigst. Das fühlt sich an wie eine innere Grenze. Dir liegt auf der Zunge, zu sagen: „Lass mich mit dem Psycho-Quatsch in Ruhe!" Es ist die innerliche Mauer, die du ruckzuck hochziehst und an der Tipps und Ratschläge abploppen. Ich kann es förmlich hören: „Plopp, plopp, plopp."
So unwahrscheinlich es auch klingen mag: Diese Widerstände sind wichtig. Die innere Mauer, die du bewusst oder unbewusst hochfährst, beschützt dich vor Dingen, die dir nicht gut tun.
Denn wir brauchen unsere Probleme. Sie machen Sinn. Probiere ruhig, mir meines wegzunehmen und mir eine einfache Lösung zu präsentieren. Wenn dann noch der Satz fällt: Wo ein Wille ist, ist auch ein Weg. Dann wirst du ja sehen, was passiert. Ich werde echt richtig böse und mauern, das kann ich allemal!
Es gibt viele Strategien, die uns in der Endlosschleife halten und das ist verdammt nochmal gut so! (Hunde-) Verhalten macht Sinn. Dein Hund möchte dich nicht är-

gern, er strebt nach Harmonie. Da Hunde seit jeher dafür da sind, Haus und Hof zu bewachen und Grenzen zu schützen, stell ich mir gerne vor, dass sie auch unsere inneren Grenzen sichern können und genau dort einen Job übernehmen, wo wir uns selbst noch nicht genügend schützen oder abgrenzen können.

Vielleicht hast du einen dieser besonderen Hunde, die dir in unangenehmen Momenten einen guten Grund liefern, wie du dich aus der Affäre ziehen kannst. Ein braves Tier, dass deine Gedanken kennt und dir Situationen, Menschen oder Hunde, die dir nicht gut tun, vom Leib hält. Ich kenne da einen Hund, der erfüllt durch sein Verhalten seinem Menschen das Bedürfnis nach Ruhe und Entspannung. Er beschützt ihn vor nervigen Mitmenschen, indem er eine heftige Leinenaggression entwickelt hat. Sein Mensch darf nun jeden Tag ein paar Kilometer fahren, um den Spaziergang alleine so richtig zu genießen. Ein anderer trifft für seinen Menschen eine Entscheidung, die dieser noch nicht treffen kann. Er verhindert durch seine Unpässlichkeit, dass sein Mensch zur Wettkampfvorbereitung gehen kann. Insgeheim hat sein Mensch keine Freude mehr am Hundetraining und ist froh, dass er so aus der Nummer rauskommt. Wieder ein anderer erfüllt seinem Menschen das Bedürfnis nach Unabhängigkeit und Freiraum. Er schafft ihm einen Grund, die Samstagnachmittage ohne seine Familie und vor allem ohne schlechtes Gewissen auf dem Hundeplatz zu verbringen.

Auf der einen Seite zeigt dein Hund dir deine Grenzen auf und fordert von dir, für dich einzustehen. Auf der anderen Seite forderst du von ihm (und auch von dir), sich zusammenzureißen, sich zu benehmen und anzupassen. Das kann irgendwie nicht funktionieren.

Diese Zusammenhänge klingen so offensichtlich banal und paradox, dass man sich als Außenstehende/r schon manchmal fragt: Warum ändert die Person es nicht einfach? Je nachdem wie nah man sich steht und wie sehr einen die Probleme des anderen auch selbst betreffen, möchte man den anderen auch gerne mal schütteln, in der Hoffnung, dann käme er/sie zur Besinnung. Aber manchmal ist es tatsächlich einfacher, mit negativen Gefühlen klar zu kommen, als mit positiven; manchmal ist es leichter, mit Problemen zu leben, als ohne sie.

Was andere denken, was für dich die Lösung ist und was du in der Beziehung zu deinem Hund ändern müsstest, das muss daher längst nicht für dich und deinen Hund passen.

Du allein bestimmst, was dein Problem ist, ob und was du an dir ändern möchtest. Ganz ehrlich: Wo ein Wille ist, ist auch ein Weg. Das stimmt. Und wenn du keine Veränderung willst, dann willst du nicht. Du darfst NICHT wollen! Das ist okay. Wirklich. Wirklich. Wirklich okay! Keine Angst, es passiert nichts, wenn du nicht willst. Aber sei dir darüber im Klaren: Weil das Problem Sinn macht, sind wir bereit, ziemlich weit zu gehen, unendlich viele Kilometer zu fahren und einen Haufen Geld und Zeit zu investieren, um den Status Quo zu erhalten.

Auch dieses Buch ist wie viele andere Bücher nur eine Möglichkeit, wie du dich selbst führen und schwierige Situationen mit Hund meistern kannst. Nicht jede Chance zur Persönlichkeitsentwicklung muss ergriffen werden. Nicht immer und in jeder Phase deines Lebens kannst und willst du dich verändern. Nicht immer und zu jeder Zeit kannst und musst du alles Gelernte auch umsetzen.

Deine Grenzen haben ihre Berechtigung und es würde nichts bringen, sie mit aller Gewalt niederzureißen.

Du bist eine Persönlichkeit so oder so. Ob und wohin du dich entwickeln möchtest, bestimmst du selbst. Dafür brauchst du dich nicht erklären. Wenn du gerade ein „Nein" spürst und du nicht mit diesem Buch arbeiten möchtest oder bestimmte Themen nicht angehen möchtest, dann gratuliere ich dir: Schön, dass du deine Grenze spürst! Hast du dennoch Druck, weil dein Umfeld dich drängt, etwas zu tun, dann empfehle ich dir diesen Ausweg: „Es ist einfach noch nicht dran." Und schon bist du aus der Nummer raus. Dann ist es heute noch nicht dran. Das ist völlig okay: Du musst keine schlafenden Hund wecken!

Triff eine Entscheidung!

Möchtest du etwas ändern und traust du dich genau jetzt einen winzig kleinen Schritt weiter zu gehen? Nicht weil ich das sage, sondern, weil du mit deinem Hund persönlich wachsen möchtest; weil du einen Weg aus der Endlosschleife finden möchtest; nicht irgendeinen Weg, sondern deinen eigenen Weg. Weil du insgeheim weißt, dass Führung bei dir anfängt. Dein eigener Weg beginnt in diesem Moment. Du musst überhaupt nichts Aufregendes tun, nur ein Stückchen weiterlesen.

Du weißt bereits, welche Denk- und Handlungsmuster uns in der Endlosschleife halten und damit scheint ihr Bann bereits gebrochen. Leider gilt die Regel: „Gefahr erkannt, Gefahr gebannt" nicht unbedingt für Stresssituationen mit Hund. Denn gerade dann passiert es leicht, dass wir wieder unmerklich in ihren Sog geraten. Das beginnt vielleicht so: Es hat geknallt und du verfluchst den Tag mit deinem Hund. Du bist wütend, fühlst dich traurig und elend, weil wieder genau das passiert ist, was du unbedingt vermeiden wolltest. Da ist auch schon der Druck: Jetzt muss die Lösung her! Du hast den Hörer bereits in der Hand, willst eine Trainingsstunde bei deinem/r Hundetrainer/in ausmachen, willst analysieren, was dieses Mal wieder schiefgegangen ist. Du recherchierst nach einem hilfreichen Buch, einer neuen Methode, postest deinen Frust auf Facebook, schreibst dir den Ärger im Blog von der Seele und holst dir Rat bei deiner Freundin. Aber nichts hilft und du denkst: „Weil es heute wieder so oder so war, bin ich auf dem Holzweg." Schon startet die Endlosschleife in deinem Kopf: „Du hast den richtigen Moment verpasst. Du hättest es besser wissen sollen. Du lässt es halt immer mit dir machen. Du gehst es falsch an!"

An dieser Stelle brauchst du einen Notfallplan, um aus der Endlosschleife auszusteigen, sonst ist der Tag gelaufen. Zu einem Notfallplan gehört immer ein besonderes Werkzeug, das Abhilfe verschafft. Meine Empfehlung ist ein knallbunter Regenschirm, der auf Knopfdruck aufspringt und an dem die negativen Gedanken einfach abperlen können.

Natürlich trägst du nicht die ganze Zeit einen Schirm mit dir herum. Der Schirm existiert nur in deiner Fantasie. Aber das reicht völlig aus. Wenn es sich anfühlt, als würde innerlich ein fieser, kalter Platzregen auf dich herab prasseln und du wie ein begossener Pudel die Ohren hängen lässt, dann kannst du nämlich sofort eine Sache tun: Spann innerlich diesen großen, bunten Schirm über dir und deinem Hund auf. Darunter bleibt noch ein Stückchen Himmel für dich und deinen Hund frei, solange bis der Regen aufhört. Es kann ja nicht immer regnen. Du hast diesen Schirm in deiner Vorstellung immer dabei: Nutze ihn!

Wieder ein Stückchen Himmel frei zu haben, heißt: Du kannst tief durchatmen und aufrecht im Trockenen stehen. Du gewinnst ein bisschen Raum für dich und deinen Hund. Was sollst du mit dem kleinen Freiraum ohne die gewohnten Schuldgefühle, Selbstzweifel, die Unsicherheit, die Wut auf dich selbst, die anderen Menschen oder die Gesamtsituation tun? Wie wäre es damit: Anstatt dir nach jedem vermeintlichen Misserfolg dieselben Grundsatzfragen zu stellen, kläre das Grundsätzliche ein für alle mal MIT DIR und zwar JETZT! Ob du der richtige Mensch für deinen Hund bist, das kannst nur du entscheiden. Kein anderer Mensch kann dir sagen, was für dich richtig ist. Deine Entscheidung ist okay, weil sie für dich okay ist. Triff die Entscheidung für DICH und triff sie JETZT!

Deine Entscheidung

Kreuze jetzt aus dem Bauch heraus deine Antwort an:

Bist Du der richtige Mensch für deinen Hund und möchtest mit ihm persönlich wachsen?

☐   *JA*

☐   *NEIN*

Auch mit Hund gilt: Man muss nicht an einmal getroffenen Entscheidungen auf Gedeih und Verderb festhalten, bis dass der Tod uns scheidet. Wenn du nicht mehr mit deinem Hund zusammenleben kannst und du denkst, es wäre besser, dich von ihm zu trennen, dann tu es. Sprich den Trennungswunsch aus!

Wenn du das Grundsätzliche JETZT mit dir geklärt hast, dann weißt du, was als nächstes zu tun ist und kannst die notwendigen Schritte tun. Du musst nicht wissen, wie du es machen wirst, nur DASS. Mit deiner bewussten Entscheidung oder der Erinnerung an deine ehrliche Selbstverpflichtung für deinen Weg mit oder auch ohne Hund nimmst du wieder die Leine in die Hand. Das ist ein unglaublich wichtiger Moment für deine Persönlichkeitsentwicklung mit Hund. Hier steigst du zum ersten Mal aus der Endlosschleife aus und übernimmst die Führung. Es gibt kein Hin und Her mehr, sondern nur noch deine Klarheit. Aus dieser Klarheit wächst das Vertrauen, dass dieser Weg deiner ist.

Wirst du schon ungeduldig und fragst dich, wann endlich etwas Spektakuläres passiert? Deine Unruhe kann ich verstehen. Du möchtest dir schließlich selbst auf die Spur kommen und deine schwierigen Situationen mit Hund meistern können. Sei ganz sicher, du bist schon einen kleinen Schritt auf deinem Weg gegangen, ohne es zu merken. Das war doch gar nicht schwer? Ich bin überzeugt, dein Bestes zu geben, heißt nicht, zu leiden. In diesem Sinne darfst du dich weiter entspannt zurücklehnen und dabeibleiben.

3.
Wie du mit deinem Hund persönlich wachsen kannst

Persönlichkeitsentwicklung mit Hund stelle ich mir wie eine Achterbahnfahrt vor. Denn so fühlt es sich oft an. Mitunter stehst du erst einmal Ewigkeiten in der Schlange. Besonders an sonnigen Ferientagen schlängelt sich diese gerne stundenlang dahin und während du wartest, siehst du andere Menschen an dir vorbeiziehen, die Spaß mit ihrem Traumhund haben und die Fahrt genießen. Du wünschst dir, dass du endlich auch an die Reihe kommst, dass es los geht: deine Fahrt, dein schönes Leben mit Hund. Dann stehst du auf einmal vor der Absperrung und musst dich entscheiden. Du weißt, sobald du einsteigst, gibt es kein Zurück mehr. Die Anspannung ist riesig, dein Herz klopft laut. Aber du willst, du musst. In diesem Moment, in welchem du in den bequemen Sitzen Platz nimmst, die Bügel herunterfahren und dich festschnallen, kannst du gar nicht so recht fassen, was da passiert. Doch dann setzt sich die Bahn auf einmal in Bewegung.

Die Achterbahn, die ich meine, schießt nicht direkt los. Sie zieht dich erst noch auf 73 Meter Höhe. Selbst wenn du bereits einen oder mehrere Schritte gegangen bist, die Entscheidung für dich und deinen Hund getroffen hast und auf deinem Weg bist, kann es immer mal sein, dass die Angst und das Chaos im Kopf zunehmen: Du fürchtest zu fallen, abzustürzen, in einer ungünstigen Position handlungsunfähig ausgeliefert und blockiert zu sein, vielleicht sogar zu sterben. Doch wenn die Bahn allmählich über die höchste Stelle geht, hörst du auf zu denken. Es bleibt dir nichts anderes übrig und du lässt los. All die Schwere, die es brauchte, hierher zu kommen, ist plötzlich weg. Du fühlst Schwerelosigkeit, meinst zu fliegen. Statt zu sterben, spürst du dein Leben.

Unten angekommen, zittern und wackeln die Knie – ungläubig – das Leben hat dich aufgefangen. Du spürst eine große Freiheit in dir, ein Zutrauen in dich; dass da noch so viel mehr möglich ist, wenn du deine Angst mitnimmst, mit ihr gehst, im Vertrauen, dass ab einem gewissen Punkt das Leben übernimmt und du die Fahrt sogar genießen kannst.

Naja, ich muss zugeben, der Vergleich mit der Achterbahn hinkt ein wenig. Denn beim Achterbahnfahren ist man dem Verlauf der Konstruktion ausgeliefert. Achterbahnfahren kann man nicht ständig, sonst wird einem schlecht. Außerdem ist Achterbahnfahren mit Hund nicht wirklich zu empfehlen. Aber was ich eigentlich damit sagen möchte: Persönlichkeitsentwicklung verläuft nicht linear und kontinuierlich, sondern phasenweise. Anfangs scheint sich nichts zu tun, dann triffst du eine Entscheidung für dein Leben mit Hund, steigst ein und durchläufst regelrechte Loopings. Beim ersten Mal braucht es vielleicht etwas Überwindung, weil du nicht so recht weißt, was da auf dich zukommt. Aber je häufiger man sich mit sich selbst und seinen schwierigen Situationen auf diese Weise auseinandersetzt, umso leichter wird es und umso mehr Freude macht es.

Mit anderen zusammen macht eine Fahrt in der Achterbahn noch mehr Spaß. Es kann ansteckend sein, wenn jemand schon mal gefahren ist. Ich möchte dich gerne mit meiner Begeisterung anstecken. Daher habe ich dir im Folgenden ein kleines Programm zusammengestellt, das dir für deine Persönlichkeitsentwicklung mit Hund ein bisschen Schwung geben kann. Lass uns zusammen die wilde Fahrt genießen!

Deine Abenteuerreise mit Hund

Warum suchst du verzweifelt nach dem nächsten Abenteuer?
Wenn du meinst, du gehst durch die Wüste,
bist du bereits mittendrin in einer spannenden Geschichte.

In unserem Alltag mit Hund kann sich manchmal die Gewohnheit einschleichen. Man richtet sich ein und die Tage, Wochen oder sogar Jahre ähneln sich in ihrem Ablauf. Dann leben wir vor uns hin und haken den Spaziergang mit Hund wie einen Punkt auf der To-Do-Liste ab. Wird es dazu noch stressig, fühlen wir uns oft ferngesteuert oder fremdbestimmt. Termine und Routinen nehmen uns die Leichtigkeit. Selten ist da noch etwas von der anfänglichen Freude und Begeisterung, wenn wir uns mit unserem Hund beschäftigen.

Auch wenn du manchmal denkst, du gehst durch die Wüste, weil dein Alltag ausgefüllt ist mit Routinen und Terminen, hält das Leben ganz bestimmt noch mehr für dich bereit. In diesem Kapitel biete ich dir einen neuen Blick auf dein Leben mit Hund an und zeige dir deine Gestaltungsmöglichkeiten auf. Du kannst jeden Moment lebendige Erfahrungen machen. Dein Hund zeigt dir wie es geht. Um es ihm gleich zu tun, braucht es nur ein wenig Mut und die Einstellung eines Abenteurers/einer Abenteurerin.

- Übung: Los geht's Abenteuer
- Übung: Mut tanken
- Übung: Hilfreiche Gedanken für Abenteurer/innen
- Geschichte: Wir finden einen Weg und kommen immer irgendwo an!

Hunde leben im Augenblick. Für sie hält jeder Moment ein neues Abenteuer bereit. Sie planen ihre Zukunft nicht weit voraus, um etwaige Schwierigkeiten zu vermeiden und grübeln auch nicht über ihre Vergangenheit nach. Sie wissen: Es bringt nichts, ewig verpassten Chancen hinterher zu trauern oder dich über alte Geschichten zu ärgern, in denen du ungerecht behandelt und benachteiligt wurdest. Um aus dieser Endlosschleife auszusteigen, darfst du jetzt deinen Alltagstrott und das ein oder andere Martyrium zurücklassen; du darfst mit Dingen aus der Vergangenheit abschließen und die Zukunft gelassen auf dich zukommen lassen. Keine Sorge, du sollst das, was dich aufreibt, nicht stoisch hinnehmen und dich nicht den Umständen ergeben; es geht auch nicht darum, Verletzungen zu ignorieren und schlechte Erinnerungen aus dem Gedächtnis zu löschen. Du sollst nichts vergessen und schon gar nicht so tun, als sei nichts gewesen. Du kannst dich selbst von deiner passiven Opferhaltung lösen und dem Alltagsstress entkommen, indem du einen neuen Blick auf dein Leben wagst.

Um persönlich zu wachsen, kannst du dir an deinem Hund ein Beispiel nehmen. Er ist jederzeit auf einer spannenden Abenteuerreise mit dir zusammen unterwegs. Morgens begrüßt er den neuen Tag in freudiger Erwartung auf das, was ihn erwarten mag. Denn Abenteuerreisen sind überraschende Gelegenheiten. Sie sind abwechslungsreich, nur zu einem gewissen Teil vorhersehbar, anspruchsvoll und am Ende immer äußerst lehrreich. Gelassen blickt er den Herausforderungen entgegen, er hat ja dich und zu zweit lässt sich das sicher irgendwie regeln.

Wie bei einer Abenteuerreise darfst auch du neugierig sein, was dich in deinem Leben mit Hund noch erwarten wird, was ihr zusammen erleben werdet und wie das, was dein Hund von dir fordert, dich schließlich persönlich weiter bringen wird. Jetzt und heute ist ein Wendepunkt in deiner Geschichte mit deinem Hund. Du darfst in die Rolle eines/r Abenteurer/in hineinschlüpfen. Ab sofort heißt es nicht länger „Dein Weg durch die trostlose Wüste des Alltags", sondern es beginnt „Deine Abenteuerreise mit Hund".

Übung: Los geht's Abenteuer!
Damit du dich immer wieder daran erinnerst, dass du dich auf einer Abenteuerreise mit deinem Hund befindest, schreibst du dir auf ein Post-it „Los geht's Abenteuer". Hänge diesen Zettel dort auf, wo er dich mindestens einmal am Tag an deine Reise erinnern wird.

Wie bei einem echten Abenteuer geht es auch bei deinem Abenteuer mit Hund nicht nur lustig zu. Gerade dann, wenn du aus dem Alltag ausbrechen, etwas Neues versuchen, gewohnte Gedanken und Gefühle hinterfragen und dich mit ihnen auseinandersetzen möchtest, dann kann das ganz schön beängstigend sein. Als Abenteurer/in wirst auch du dich immer wieder unangenehmen Gefühlen, wie z. B. deiner Angst oder Unsicherheit, stellen. Du wirst es auf deine Weise tun und so wie du dich noch einigermaßen sicher fühlst. Aber die Angst wird kommen und um ihr zu begegnen, brauchst du all deinen Mut.

Bevor du es dir mit deinem Abenteuer dann doch anders überlegst, wird es höchste Zeit für eine große Portion

Mut. Da die Angst im Kopf beginnt, bietet sich zum Mut auftanken eine Körperübung an. Denn so wie unser Gemüt unsere Körperhaltung beeinflusst, so können wir auch über unsere Körperhaltung unsere Gefühle beeinflussen. Deine Einstellung kann sich sowohl von innen nach außen verändern, aber auch von außen nach innen.

Übung: Mut auftanken

Stell dich aufrecht hin. Strecke die Arme nach oben und mache dich einmal richtig lang. Geh in die Siegerposition wie ein Sportler, der den Wettkampf eben gewonnen hat und auf dem Siegertreppchen jubelt. Du darfst dich dabei bewegen, z. B. dich deinen imaginären Fans zuwenden und winken. Nur behalte die Arme wirklich mindestens 60 Sekunden oben. Erst dann findet eine spürbare Veränderung in deinem Körper statt.

Wenn du nun die Arme wieder herunternimmst, merkst du, wie du nicht nur körperlich ein bisschen größer geworden bist, sondern auch innerlich dein Selbstbewusstsein ein bisschen gewachsen ist.

Ein/e Abenteurer/in zeichnet sich dadurch aus, dass er oder sie die Reise als Möglichkeit sieht, Neues und Überraschendes zu entdecken. Auf einer Reise geht es darum, unterwegs zu sein und Erfahrungen zu machen, von denen man später noch seinen Enkelkindern erzählen kann. Abenteurer/innen haben eine positive Einstellung Problemen gegenüber. Sie rechnen damit, dass es zu Schwierigkeiten kommen kann. Das lässt sie nicht grundsätzlich an ihrem Vorhaben zweifeln, vielmehr bestätigt es sie darin, ein echter Abenteurer/in zu sein. Denn wer nie ohne Umwege durchs Leben geht, der sieht wenig von der Welt. Sie wissen, dass sie nur dazu gewinnen können und das gerade dann, wenn es schwierig wird. In diesen Momenten zeigt sich, was alles in ihnen steckt. Sie lernen sich durch Herausforderungen immer besser kennen und auf ihre Stärken zu vertrauen. Du kannst für deine Abenteuerreise mit Hund von erfahrenen Abenteurer/innen lernen und dir ihre Gedanken zu eigen machen.

Übung: Hilfreiche Gedanken von und für Abenteurer/innen

Es kann gut gehen, muss aber nicht.

Selbst wenn es schiefgeht, gibt es keinen Grund, schlecht über dich zu denken.

Es wäre weder schlimm noch peinlich, wenn es dir in dieser Situation nicht gelingt, so oder so zu sein oder zu handeln.

Du kannst nichts dafür, wenn der andere gerade nicht will oder anderer Ansicht ist, z. B. deine Liebe zu Hunden nicht teilt. Das ist schade, bedeutet aber nicht, dass du dich dafür schämen müsstest.

Du kannst es akzeptieren, wenn andere nicht deiner Ansicht sind. Vielleicht klappt es auch und du und dein Hund ihr lernt dazu. Aber um das zu wissen, musst du losgehen und es wagen. Du kannst nur dazu gewinnen.

Wenn du diese Gedanken auf dich und deinen Hund überträgst, wie würden sie lauten und welche Gedanken würden dir in der schwierigen Situation (davor oder danach) helfen? Was möchtest du über dich, deinen Hund und andere, an der Situation beteiligte Menschen und/oder Tiere denken?

Das Leben mit Hund ist nicht gleichförmig, sondern abwechslungs- und erlebnisreich wie eine Abenteuerreise. Dein Hund setzt im Alltag ein Zeichen dafür und lässt dich spüren, dass du lebendig bist. Du brauchst nicht die volle Verantwortung für andere zu tragen, sondern darfst mit Freude Selbstverantwortung zu übernehmen. Dafür brauchst du keinen Hund. Doch dein Hund ist deine Chance. Er erinnert dich daran: Du hast die Wahl! Kehr um, wenn du dich in eine Sackgasse manövriert hast. Verweile, wenn es dir an einem Ort gefällt. Dein Hund erinnert dich daran, dass du dein Leben selbst in die Hand nehmen kannst. Du bestimmst die Richtung und das Tempo deiner Abenteuerreise. Bist du bereit für dein Abenteuer?

Geschichte: Wir finden einen Weg und kommen immer irgendwo an!

Eine Freundin schreibt mir per E-Mail, dass sie endlich an ihrem Urlaubsort angekommen ist. Sie ist mit ihrem Hund per Auto über die Alpen mit Zwischenstopps dorthin unterwegs gewesen und hat dabei gleich ein paar Abenteuer erlebt. Sie schreibt in einem Nebensatz:

„Egal wie abenteuerlich es zugehen mag: Wir finden einen Weg und kommen immer irgendwo an! Das habe ich Tara versprochen."

Sie verspricht das nicht nur Tara, im Grunde macht sie sich auch selbst Mut. Die Zuversicht, die sie ihrem Hund vermittelt, die spürt sie, weil er dabei ist. Sie weiß, mit ihm zusammen wird sie einen Weg finden. Ihr Hund steht für ihre Zuversicht und den Mut, ihren eigenen Weg zu gehen.

Dir selbst auf die Spur kommen

Wenn ein Chaoshund dein Leben bestimmt.
Fang bei dir an!

Hast du schon mal einen Hund beobachtet, wenn er einer Spur nachgeht? Meiner ist dann nicht mehr zu halten und entwickelt eine unglaubliche Motivation und Kraft. Er hat nie gelernt wie es geht, macht sich keine Gedanken über das Wie und erreicht sein Ziel mit Leichtigkeit. Er folgt seinen Instinkten und stellt die Handlung keinen Moment in Frage.

Wir Menschen konzentrieren uns häufig auf das, was andere von uns erwarten, was wir nicht wollen und was uns fehlt. In all dem Chaos aus gut gemeinten Tipps, widersprüchlichen Ratschlägen und vielfältigen Methoden ist es dann schwierig herauszufinden, was uns der Lösung wirklich näher bringt und ob das, was wir tun, das Richtige ist.

Mithilfe dieses Kapitels fängst du bei dir an und findest einen Weg weg von dem, was du nicht willst, hin zu dem, was du wirklich möchtest. Du kommst dir selbst auf die Spur und wie bei deinem Hund führt sie dich schließlich mit Leichtigkeit zu deinem Ziel.

- Übung: Wie wäre es gut?
- Geschichte: Unterwegs mit zwei Chaoshunden
- Übung: Dir selbst auf die Spur kommen
- Geschichte: Leinenspiel

Wenn von außen ständig Impulse kommen, wie du deinen Hund führen sollst, was du zu tun und was du zu lassen hast, verlierst du leicht den Überblick und weißt manchmal gar nicht mehr, wo du anfangen sollst. Dazu die vielen ausgesprochenen und unausgesprochenen Erwartungen, die die Gesellschaft – wer auch immer das sein mag – an Hundehalter/innen stellen. Doch tun sie das wirklich? Manchmal nehmen wir auch an, dass wir etwas tun müssten, weil es von uns erwartet wird und es ist gar nicht so. Die Gesellschaft, das ist eine ziemlich große Gruppe von Menschen und ich nehme mal an, dass die unterschiedlichen Menschen auch sehr unterschiedlich antworten würden, wenn man sie danach fragt, wie man sich als Hundehalter/in am besten zu verhalten hat und wie man seinen Hund ordentlich führt. Mir drängt sich da der Verdacht auf, dass man es niemals allen recht machen kann. Das ist dir bestimmt auch nicht neu, aber ich wollte es nur noch mal gesagt haben, da gerade im Stress diese ominöse Gesellschaft auch ganz schön viel Druck erzeugen kann. Manche Erwartungen kennen wir, manche nicht und auch wenn du von einer bestehenden Erwartung weißt, ist es noch lange nicht gesagt, dass du sie auch zwangsläufig erfüllen musst und dass sie dich tatsächlich einer Lösung näherbringt.

Während du dich nach den (vermeintlichen) Erwartungen der anderen richtest, überlässt du ihnen auch die Führung und wirst einmal hierhin und dann wieder dorthin gezogen. Du probierst mal diesen oder jenen Weg, aber auf deinem persönlichen Weg geht es nicht wirklich weiter. Denn woher sollten die anderen auch wissen, was wirklich gut für dich ist? Nur du kannst der/die Expert/in für dein Ziel sein, weil nur du deine innere Landkarte kennst, um die es hier geht. Daher kannst du die Erwartungen der anderen ruhig beiseitelassen, bei dir anfangen und dich fragen, wonach du eigentlich suchst.

Nichts leichter als das: Wünsche, wie es mit Hund im Alltag einfacher wäre, gibt es genügend. Wir wollen keinen Kläffer an der Leine, keine Übergriffe von anderen oder auf andere Hunde, kein Leinenwirrwarr, keinen Streit mit anderen Hundehaltern; wir möchten uns nicht für unseren Hund entschuldigen müssen; wir möchten nicht dumm dastehen, weil unser Hund nicht auf uns hört; wir wollen keinen Ärger mit dem Vermieter, der Nachbarin, usw. Wir wollen weniger Angst haben vor Hundebegegnungen; nicht mehr erschöpft und gestresst Gassi gehen; nicht mehr klein beigeben, wenn wir von anderen Hundehalter/innen blöde Sprüche hören; wir wissen, dass wir zu wenig Gelassenheit, Selbstbewusstsein, zu wenig Selbstbeherrschung, zu wenig Durchsetzungskraft haben oder zu wenig entspannt, schlagfertig, dominant oder dickhäutig sind.

Selbst wenn die Lösung direkt vor deiner Nase liegen würde, du wüsstest es nicht, denn du hast (noch) keine Ahnung, wonach du eigentlich suchen sollst. Um aus der Endlosschleife heraus zu kommen, brauchst du eine positive Vorstellung von deinem Ziel.

Anstatt dir immer wieder zu überlegen, was andere von dir erwarten, was du nicht willst oder was dir fehlt, darfst du jetzt den Fokus auf das richten, was du stattdessen möchtest. Frage dich selbst einmal: Wie wäre es für dich gut? Es geht hierbei wirklich darum, wie es für dich gut wäre und was dir gut tun würde und nicht wie du sein, was du denken und was du tun solltest. Formuliere daher **positiv**, z. B. Ich möchte mutig sein/~~ich möchte keine Angst haben~~. Bleibe bei dem, was DU sein, denken und tun möchtest, sprich das, was tatsächlich auch in deiner Macht steht, z. B. Ich möchte selbstbewusst und mit Freude meinen Weg gehen. ~~Ich möchte, dass mein Hund sich an mir orientiert.~~ Es liegt nicht in unserer Macht, andere Menschen und auch Hunde grundsätzlich zu ändern oder sie dazu zu bringen, bestimmte Dinge für uns zu tun. Also fang bei dir an!

Übung: Wie wäre es gut?
Was möchtest du denken, wie möchtest du dich fühlen und was möchtest du tun?

Das, was für dich gut wäre, ist dein Ziel und es gibt dir die Klarheit, wohin du unterwegs bist. Dieses Ziel ist unabhängig von konkreten äußerlichen Umständen, von perfekten Abläufen oder materiellen Dingen. Es geht hier nicht darum, dich um jeden Preis zu perfektionieren und dich anzutreiben, dich höher, schneller und weiter zu entwickeln. Bei diesem Ziel handelt es sich um deine Idee von Zufriedenheit.

Du musst nicht wissen, wie und was du tun musst, um dorthin zu gelangen. Dein Hund macht es dir vor. Er weiß auch nicht, wo sich das Wild versteckt hält und er weiß im Übrigen auch nicht so genau, wie es tatsächlich aussieht; aber er weiß, dass das, was er da in der Nase hat, ihn satt und zufrieden macht. Um dorthin zu gelangen, geht er nur dem feinen Geruch nach, einer leckeren Note, die er erst ganz leise wahrnimmt und die immer stärker wird, je näher er dem Ziel kommt.

Jagen ist ein selbstbelohnendes Verhalten, es braucht für den Hund dazu keine zusätzliche Belohnung von außen. Seine Motivation kommt dabei von innen. Die Spur aktiviert bei deinem Hund den Zugang zu einer tiefen Kraft. Dieser Kraft etwas entgegenzusetzen, ist ziemlich schwer. Das merkt man spätestens dann, wenn man mit ambitionierten Jagdhunden ein Anti-Jagd-Training machen muss. Bei deiner Spur verhält es sich ebenso: Du kannst dich ganz auf deinen Instinkt verlassen und deiner Idee von Zufriedenheit folgen.

Geschichte: Unterwegs mit zwei Chaoshunden

Wenn Doris von ihren Hunden spricht, dann kündigt sie immer schon ihre Chaoshunde an. Es macht ihr zu schaffen, dass sie in Hundebegegnungen ihre beiden nicht kontrollieren kann. Alle Versuche einzuwirken, würden rein gar nichts helfen. Es sei ein einziges Kuddelmuddel aus Leinen und Hunden. Doris ist frustriert und genervt. Sie möchte im Coaching daran arbeiten, dass sie entspannt mit beiden Hunden unterwegs sein kann.

Als erstes frage ich sie: „Wenn du das Problem gelöst hättest, wie wäre es dann für dich?"

Doris antwortet: „Es wäre so schön, ich könnte wieder in Ruhe spazierengehen und beide in die Stadt mitnehmen, ohne mir vorher so viele Gedanken zu machen. Es würde sich leicht anfühlen, die Hunde zu führen."

Doris möchte ihre Hunde richtig führen. Sie hat bereits viel gelesen, Kurse besucht und Trainingsstunden genommen. Jeder sagt ihr etwas anderes. Die Lösungssuche strengt sie an. Neben dem eigentlichen Problem ist es der Druck, endlich eine Lösung zu finden, der sie zur Zeit sehr belastet.

Ich frage sie: „Wie wäre es denn gut für dich?"

Sie antwortet: „Ich möchte durchsetzungsfähig sein und darauf vertrauen, dass ich richtig handle. Das würde mich beruhigen. Mein ganzes Leben habe ich schon Hunde gehalten und im Grunde weiß ich, dass ich am meisten aus Erfahrungen und auch aus dem Austausch mit anderen lerne."

Gemeinsam formulieren wir daraus Doris Ziel:

Ich möchte darauf vertrauen, dass ich richtig handle. Ich möchte Erfahrungswerte sammeln und mit anderen im Austausch sein. Das beruhigt mich.

Doris ist überrascht. So hatte sie ihre Situation noch nicht gesehen. Ihr Ziel gibt ihr Klarheit darüber, wohin sie unterwegs ist. Außerdem fällt ihr prompt ein: „Das mache ich ja bereits in vielen Situationen. Ich bin also auf meiner Spur!", lacht sie.

Wie sich das anfühlt, wenn du auf deiner Spur bist, das weißt du bereits. Denn du hast das Wild – äh deine Spur – geschnuppert. Doch! Ganz sicher, auch wenn es dir jetzt im Moment partout nicht einfallen will! Du könntest nicht so genau wissen, wie es für dich gut ist, wenn du nicht dieses Gefühl von irgendwoher kennen würdest.

Nein, es geht hier nicht darum, dass du schon einmal kurz vor deinem Ziel standest und gescheitert bist. Erinnere dich an die Momente, in denen du mit dir selbst (und deinem Hund) zufrieden warst. Selbst wenn es nur ein winziger Augenblick war, in welchem du gemerkt hast, dass das Problem nicht da war und selbst wenn du dir in diesen Ausnahmesituationen Hilfe geholt hast, viel wichtiger ist, dass du es spüren konntest, wie es sich anfühlt, wenn du deinem Ziel nahe bist. Dann erst weißt du nämlich, wonach du ab sofort in deinem Alltag suchen musst.

Übung: Dir selbst auf die Spur kommen

Überlege dir im ersten Schritt eine Situation, in der du deinem Ziel bereits nahe warst und gib ihr einen Titel, z. B. „Der Besuch bei der Freundin"

Im zweiten Schritt notierst du dann, wie du es gemacht hast, z. B. „Ich habe ein Ziel vor Augen. Ich freue mich. Ich habe einen guten Grund, warum ich unterwegs bin. Ich kenne den Weg. Ich bin fokussiert. Ich spüre eine Verbindung zu Snoopy. Ich gebe das Tempo vor."

Fällt dir noch eine Situation ein? Sammle diese Momente und erinnere dich immer wieder daran, spüre ihnen nach und such dieses Gefühl auch in deinem Alltag.

Wenn du entdeckst, wann du deinem Ziel bereits nahe warst oder bist, dann geh genau dorthin und hol dir mehr davon. Das ist deine Spur. Sie ist immer da, nur verlieren wir sie leider immer wieder. Wenn du wieder einmal merkst, dass du deine Handlungen nicht in Frage stellst und davon überzeugt bist, weil es sich gut anfühlt, dann bist du ganz nah dran. Jetzt geht es darum, aufmerksam durch deinen Alltag zu gehen und mehr von davon zu finden. Denn immer dann, wenn es dir gelingt, so zu fühlen, zu denken und zu handeln, wie es für dich gut ist, bist du auf deiner Spur. Du kannst ihr einfach weiter folgen, sie bringt dich wie von selbst ans Ziel.

Geschichte: Leinenspiel

Carla erzählt mir im Coaching: „Mein Hund übersieht mich völlig, läuft an mir vorbei nach vorne. Ich werde oft einfach nur von ihm mitgezogen. Ich hasse das, weil ich mir wie ein Anhängsel vorkomme, das nicht gesehen oder gehört wird. Die gemeinsamen Spaziergänge sind wirklich frustrierend. Meine Schmerzen im Arm sind zu verkraften. Doch immer wieder den Frust, die Wut und das Gefühl von Hilflosigkeit zu spüren, das ist viel schlimmer."
Carla hat schon einige Methoden ausprobiert, um das Thema Leinenführigkeit mit Snoopy in den Griff zu bekommen. Doch immer wieder kommt sie an den gleichen Tiefpunkt. „Es liegt an mir", denkt sie dann, „ich schaffe es nicht, ihm Orientierung zu geben."

Gemeinsam formulieren wir Carlas Ziel:

Ich möchte selbstbewusst und mit Freude meinen Weg gehen. Ich möchte Snoopy eine klare Orientierung geben.

Es geht ihr um Orientierung und eine klare Linie, die sie sich für sich selbst wünscht. Diese Themen kennt Carla auch aus anderen Situationen, in welchen sie sich leicht von anderen beeinflussen lässt. Kaum hat sie eine Entscheidung für sich getroffen und teilt diese vorsichtig ihrer Familie mit, wird sie in Frage gestellt. „Dabei ist es ganz egal, worum es geht: die Trennung von meinem Freund, berufliche Pläne oder sogar die Essensbestellung im Restaurant. „Jedes Mal redet mir jemand rein!", meint sie aufgebracht. „Kein Wunder, dass mich Snoopys Verhalten zur Weißglut bringt", meint sie, „er spiegelt mir jeden Tag meinen wunden Punkt. Ich habe es aufgegeben, meine Wünsche zu äußern, da ich immer wieder die Erfahrung machen musste, dass mich sowieso keiner hört. Diese Haltung spürt mein Hund und übernimmt selbstverständlich die Führung. Dabei stößt Snoopy mich mit der Nase genau auf das, was mich am meisten schmerzt, nämlich dass ich nicht gesehen werde. Man könnte statt Snoopy auch schreiben: Ich möchte mir eine klare Orientierung geben."

„Um ein Ziel zu erreichen, brauchen wir Zuversicht, dass wir es auch tatsächlich schaffen können. In dieses Gefühl kommst du, wenn du dich an Momente erinnern kannst, in welchen du deinem Ziel bereits nahe warst. Erinnerst du dich, wann du deinem Ziel schon einmal nahe warst?"

Carla überlegt: „Jedes Mal, wenn ich mit Snoopy zu meiner Freundin gehe, klappt es richtig gut mit der Leine. Die Freundin wohnt bei mir im Dorf und ich besuche sie manchmal abends. Es sind etwa 10 min zu laufen. Snoopy ist dort willkommen und ich nehme ihn gerne mit. Auf dem Weg dorthin geht er häufig neben mir und es ist viel leichter."

„Wie hast du das denn gemacht?"

Carla zählt auf: „Ich habe ein Ziel vor Augen. Ich freue mich. Ich habe einen guten Grund, warum ich unterwegs bin. Ich kenne den Weg. Ich bin fokussiert. Ich spüre eine Verbindung zu Snoopy. Ich gebe das Tempo vor."

Sich diese Situation ins Gedächtnis zu rufen, war für Carla ein berührender Moment. Sie erkannte, dass es diese Ausnahmen wirklich gibt, in welchen sie Zugang zu ihrer Kraft hat und es durchaus schafft, ihrem Hund Orientierung zu geben. Sie konnte es fühlen, wie es ist, wenn sie sich selbst auf die Spur gekommen ist.

Sehnsucht Hund

Du bekommst nicht den Hund, den du brauchst sondern,
du bekommst einen Hund, WEIL du ihn brauchst.

Mit dem Wundertier Hund verbinden wir Vorstellungen von Dingen, die wir im Leben suchen und brauchen. Nicht nur die Menschen, die schon einmal einen Hund verloren haben, wissen wie es sich anfühlt, wenn ein Hund im Leben fehlt. Wir leben in einer Zeit, in der sich viele Menschen aus tiefstem Herzen einen Hund wünschen. Es geht dabei zwar vordergründig um die Anschaffung eines Hundes, doch dahinter steckt oft noch viel mehr. Da ist der Wunsch, endlich das Glück zu haben, einen treuen Freund zu gewinnen, einen liebevollen Begleiter für dich oder dein Kind, ein Familienmitglied, das wieder mehr Freude, Liebe und Leichtigkeit in dein Zuhause bringt. Da ist diese tiefe Sehnsucht nach einem Hund.

Die Sehnsucht nach einem Hund erinnert dich daran, was dir im Leben wichtig ist. Sie hat mehr mit dir zu tun als mit deinem Hund. In diesem Kapitel näherst du dich deiner Sehnsucht Hund, findest heraus wofür sie steht und wie du dich an ihr orientieren kannst.

- Übung: Spaziergang mit der Sehnsucht
- Geschichte: Der Problem-Zwerg
- Geschichte: Traumjob mit Hund

Erinnerst du dich noch daran, wie du auf den Hund gekommen bist? Da war so eine Sehnsucht, die immer mehr Raum bekam und plötzlich wolltest du es wagen. Niemand konnte dich von deinem Abenteuer abhalten, denn tief in deinem Herzen wusstest du: Das ist dein Weg.

Mit dem Wundertier Hund verbinden wir Vorstellungen von Dingen, die wir im Leben suchen. Die Sehnsucht kommt also nicht von ungefähr. Sie ist da, weil uns jemand oder etwas im Leben fehlt und wir jemanden oder etwas vermissen; wenn ein bestimmter Leidensdruck erreicht ist oder eine gewisse Leere entstanden ist. Der Wunsch nach einem Hund kommt also meistens dann, wenn du einen Hund brauchst. Je größer der Wunsch nach einem Hund, umso größer ist oft die Leere in uns und umso dringender meinen wir, sie füllen zu müssen. Da ist die Kraft der Hoffnung mit einem Hund endlich die Unterstützung im Leben zu gewinnen, die wir gerade jetzt so notwendig brauchen. Der Kopf setzt aus. Das Herz übernimmt.

Vielleicht erklärt das, warum die Entscheidung für einen Hund fast ausschließlich mit dem Herzen getroffen wird und warum wir auf Durchzug schalten, wenn uns jemand sachlich-fachlich über Konsequenzen beraten will. Da lassen wir uns von niemandem reinreden. Die Sehnsucht geht manchmal so tief, dass man bereit ist, nicht nur Pro- und Contra-Listen zu manipulieren oder den/die Partner/in zu bestechen, sondern sogar die Wohnung zu riskieren oder den Job zu kündigen.

Lass dir von niemandem deine Sehnsucht ausreden! Sie ist ein so wichtiger Teil von dir. Doch sei dir darüber im Klaren, dass es bei der Entscheidung für einen Hund nicht nur um den Hund, sondern vor allem um dich geht und um deine Sehnsucht Hund.

Deine Sehnsucht Hund möchte dich an deine Bedürfnisse und Werte erinnern. Dein Hund steht also für etwas, das dir in der Situation und/oder auch grundsätzlich im Leben unglaublich wichtig ist; etwas, das du unbedingt brauchst; das du auf keinen Fall (wieder) verlieren möchtest; wonach du für dich und auch für alle anderen Weggefährt/innen strebst; das dir richtig, richtig, richtig wichtig ist. Möchtest du dich diesem Gefühl nähern und herausfinden, wofür deine Sehnsucht Hund steht? Dann geh mal mit deiner Sehnsucht Hund spazieren.

Übung: Spaziergang mit der Sehnsucht

Such dir beim nächsten Spaziergang einen Gegenstand aus der Natur. Es soll für deine Sehnsucht Hund stehen. Wenn du magst, mach eine kleine Beschreibung, eine kleine Skizze oder klebe das Ding hier ein.

Du kannst deiner Sehnsucht noch weiter auf den Grund gehen,
indem du die nachfolgenden Fragen beantwortest:

Was tut dir gut, wenn du mit deinem Hund zusammen bist und
wodurch?

Womit behindert dich dein „Chaoshund" in deinem Leben, was
schmerzt dich am meisten und wodurch?

Was würdest du dir von ganzem Herzen für dich, deinen Hund und die ganze Welt wünschen?

In deinen Antworten spiegelt sich deine Sehnsucht Hund wider. Sie steht für deine Bedürfnisse und Werte. Hier kannst du dir notieren, welche dies sind:

Es tut uns so gut, wenn wir mit unseren Hunden draußen sein können und die Verbindung zur Natur genießen. Wie schön, wenn wir mit ihnen gemeinsam
unterwegs oder auch nur zu Hause sein können. Ihre
Nähe erfüllt in uns das Bedürfnis nach Liebe und Ge-
meinschaft. Mit einem freudigen Schwanzwedeln begrüßt zu werden, zaubert uns ein Lächeln auf die Lippen
und lässt unser Herz höher schlagen. Dabei kommen wir
hinsichtlich der Bedürfnisse nach Wärme und Geborgenheit voll auf unsere Kosten.

Schwierige Situationen mit Hund können uns hingegen
darauf aufmerksam machen, was uns fehlt. Wenn wir
mit Hund z. B. immer wieder Auseinandersetzungen mit
Menschen haben, in welchen wir uns schlecht wehren
können und die uns an uns selbst zweifeln lassen, dann
könnte dahinter das Bedürfnis nach (Selbst-)Schutz stehen. Die Belastung und Anstrengung, die die Vereinbar-
keit von Berufstätigkeit, Familie/Partnerschaft und
Leben mit Hund nicht selten zur Folge hat, schmerzt,
weil es uns ein Bedürfnis ist, Zeit mit unseren Lieben zu
verbringen, Kraft zu haben für unsere Aufgaben oder
ein ausgeglichenes Leben zu führen.

Für unseren Hund tun wir so einiges, weil wir ihm ein
gutes Leben ermöglichen wollen. Dazu gehört seine Gesundheit ebenso wie sein Wohlbefinden und auch eine
gute Ernährung. Wir nehmen uns Zeit, beschäftigen und
spielen mit ihm, weil wir wissen, dass es ihm Spaß
macht. In diesen Beispielen findest du Hinweise auf die
Werte Hilfsbereitschaft, Gesundheit, Fürsorge und auch
geteilte Freude.

Nicht wenig Geld geben wir für eine gute Ausbildung
unserer Hunde aus, weil es uns wichtig ist, dass sie sich

gut in der Welt zurecht finden und in Frieden leben können. Wir interessieren uns für zwischenartliche Kommunikation und möchten wertschätzend mit ihnen umgehen. Das zeigt, wie wichtig die Werte Harmonie, Wertschätzung und Friede für uns sind.

Dabei geht um viel mehr als den Hund. Das sind menschliche Bedürfnisse und Werte. An ihnen ist nicht zu rütteln, auch wenn sie für jeden Menschen etwas unterschiedlich gewichtet sind, sind sie da und haben immer ihre Berechtigung, weil wir sie zum Leben brauchen. Bei deiner Sehnsucht Hund geht es um dich und das, was dir persönlich wichtig ist, was du brauchst und wonach du im Leben strebst.

Wenn wir denken, der Hund tut uns gut, muss das nicht heißen, dass wir dem Hund gut tun. Aber wir können diese Sehnsucht ernst nehmen, unsere Bedürfnisse und Werte dahinter erkennen und danach handeln. Wenn du deine Bedürfnisse und Werte wahrnimmst, kannst du sie dir selbst erfüllen oder auch andere darum bitten. Hunde wie Menschen tun dies häufig gerne, weil es ihnen Freude macht, wenn sie anderen gut tun können. Aber kein Hund – und übrigens auch kein Mensch – ist auf dieser Welt, um dir deine Sehnsucht zu erfüllen.

Sitzt du im Urlaub am Strand und bereust es, deinen Hund zu Hause gelassen zu haben? Dann ist dir möglicherweise nach einem langen Spaziergang (in guter Gesellschaft) zumute oder einem ausgelassenen Strandspiel. Ertappst du dich dabei, wie du dir wünschst, deinen Hund im Büro dabei haben zu wollen? Dann könnte es sein, dass er dich aufmuntern soll, du dir davon ein bisschen Mut und Zuversicht für neue Aufgaben versprichst. Vielleicht stellst du dir auch vor, wie er dem unangenehmen Kollegen oder Kunden mal so ordentlich ans Bein pisst – entschuldige bitte, aber genau darum geht's: Dein Hund kann dir helfen deine Bedürfnisse und Werte zu erkennen. Er spiegelt dir vielleicht, was du gerade vermisst oder was dir auf dem gemeinsamen Weg verloren gegangen ist.

Geschichte: Der Problem-Zwerg

Uta hat seit ein paar Monaten einen zweiten Hund dazu genommen. Neben ihrer alten, ruhigen Hündin wirbelt nun ein kleiner Frechdachs ihr Leben durcheinander. Hundebegegnungen oder ein Cafébesuch in der Stadt werden zum Stress. Der Zwerg, so nennt sie ihn liebevoll, habe einfach ein unbändiges Temperament. Da der Zwerg das Chaos in ihr Leben bringt und bisher fast ausschließlich als Problemhund beschrieben wurde, schauen wir uns das Thema genauer an, für das er stehen könnte. Beim nächsten Termin bringt Uta einen Gegenstand mit, der symbolisch für den Zwerg steht. Sie hat einen kleinen bunten Ball mitgebracht.

„Der Ball steht für die Leichtigkeit und das Spiel. Das passt sehr gut zum Zwerg, wie er so durch das Leben springt und in verschiedene Rollen schlüpft, z. B. hat er auch eine sanfte und zärtliche Seite, wenn er sich im Hundebett an die alte Hündin kuschelt und dann gibt er sich auch wieder ganz kämpferisch in Hundebegegnungen."

„Warum könnten Leichtigkeit und Spiel in deinem Leben wichtig sein?"

„Leichtigkeit ist mir sehr wichtig. Wo Leichtigkeit ist, da ist Freude. Wenn man spielt, dann geht es um etwas, aber es ist nicht

so ernst. Im Spiel kann man Dinge ausprobieren, Erfahrungen machen und dazu lernen. Mir fehlt es daran momentan so sehr, weil ich mit dem Zwerg ständig im Konflikt bin."

Uta kann ihren „Problem"-Zwerg jetzt anders betrachten. Sie suchte bei ihm nach dem souveränen, ruhigen Verhalten, das sie von ihrer Hündin kannte. Immer wieder verglich sie die beiden miteinander. Doch Zwerg hat einen ganz anderen Charakter. Er ist ein anderer Hund. An Zwerg gewandt meinte sie: „Weil du nicht so bist, wie ich dich gerne hätte, dachte ich, ich mache etwas falsch!"

„Vielleicht gelingt es", überlegt sie weiter, „wenn ich mich in Zukunft auch in stressigen Momenten an die Leichtigkeit und das Spiel erinnere, den Zwerg zu mehr Kooperation zu bewegen."

Während des Coachings spürte sie endlich wieder die Freude, die der freche Zwerg ihr macht. Dieser lag übrigens während unseres Gesprächs ganz zufrieden schlummernd auf ihrem Schoß und man hätte meinen können, er habe immer wieder leise in sich hinein gelächelt.

Dein Hund ist dein empfindlicher Punkt, weil er dir das widerspiegelt, für was du stehst. Geht es gegen deinen Hund, geht es gegen deine Bedürfnisse und Werte. Wenn du versuchst dagegen zu entscheiden und zu leben, fühlt es sich in etwa so an, wie gegen den Strich gebürstet zu werden. Irgendwie und mit viel Anstrengung geht es, aber es nervt und ist echt unentspannt. Es entsteht dabei irgendwann eine traurig-stumpfe Sinn-Leere. Wenn du hingegen in Übereinstimmung mit dem handelst, was dir wichtig ist, fühlt es sich leicht an, erfüllt dich mit Freude und macht dich zufrieden. Solltest du den Eindruck haben, unzufrieden zu sein und im Leben falsch abgebogen zu sein, dann kannst du dich an deiner Sehnsucht Hund wieder ausrichten. Wie ein innerer Kompass zeigt sie dir die Richtung. Deine Bedürfnisse und Werte sind deine Führung.

Mit der Entscheidung für deinen Hund bist du für dich eingestanden, das war ein erster wichtiger Schritt auf deinem Weg. Niemand – leider auch dein Hund nicht – wird dir abnehmen können, deinen Weg auch weiter zu gehen. Doch deine Sehnsucht Hund kann dir ein wichtiger Orientierungspunkt in deinem Leben sein.

Geschichte: Traumjob mit Hund

Elli ist auf der Suche nach ihrem Traumjob. Derzeit läuft eine Bewerbung für eine repräsentative Stelle. Sie erzählt mir, wie gerne sie die Stelle haben würde, doch wenn jemand herausfinden würde, dass sie einen schwierigen Hund habe, wäre ihr das schrecklich peinlich. Sie fürchte sich vor einer Begegnung auf dem Spaziergang mit Kollegen und Kunden. Man könne ihr das als Schwäche auslegen und ihr die Kompetenz absprechen. „Ich kann das nicht machen, solange mein Hund nicht funktioniert!"

Im Coaching stellt sich heraus, dass ihr Hund Frido für Mut steht. „Mut", meint Elli, „heißt für mich, dass ich mich traue, zu mir zu stehen. Ich möchte mich im Job und der Karriere zuliebe nicht verstellen und vorgeben, jemand anderer zu sein."

In der Vorbereitung auf das Vorstellungsgespräch erstellen wir eine kurze Selbstpräsentation, in der Elli auch Frido erwähnt und aus ihrer Schwäche Hund eine Stärke macht.

Als sie schließlich gefragt wird, welches ihre größte Schwäche sei, antwortet sie mit einem Augenzwinkern: „Mein Hund ist meine größte Schwäche. Er ist nicht perfekt und ich arbeite viel mit ihm. Aber er erinnert mich jeden Tag daran, wie wichtig es ist, mutig und klar seinen Weg zu gehen."

Für Elli war es im Nachhinein nicht mehr so wichtig, ob sie die Stelle bekommt oder nicht, sie hatte sich getraut, zu ihrem Hund und damit auch für sich einzustehen. In der Folge entspannte sich auch das Verhältnis zwischen ihr und dem Hund, denn nun war Frido nicht länger der Stolperstein, der sie daran hinderte, Karriere zu machen, sondern ein wichtiger Orientierungspunkt für ihre Entscheidungen.

Hör auf dein Hundeherz

Du musst nicht für alles Worte finden, wichtig ist,
dass du es spüren kannst.
Dein Hund bringt dich ins Fühlen. Spür mal hin!

Wenn dein Hund dich freudig begrüßt oder dich mit seinem unvergleichlichen Hundeblick ansieht, lässt er dein Herz höher schlagen. Hunde tragen nicht umsonst den gefühlvollen Beinamen „Herz auf vier Pfoten". Sie erinnern uns daran, wie es ist, wenn wir uns selbst und auch das Leben um uns herum im Hier und Jetzt spüren.

Geht es um Problemlösungen mit Hund, gilt für uns hingegen Kopf über Herz. Wir vertrauen nur dem, was wir in Worte fassen und beschreiben können, was nachvollziehbar und logisch ist. Dabei sind Gefühle mindestens genauso wichtig. Nur wenn wir Kopf und Herz in Einklang bringen, kommunizieren und führen wir authentisch. In diesem Kapitel lernst du, mit Hund ins Fühlen zu kommen und (mehr) auf dein Hundeherz zu hören, also auf das, was dein Bauchgefühl dir sagt.

- Geschichte: Mit Hund ins Fühlen kommen
- Übung: Fühlfragen
- Geschichte: Hundebegegnungen nach Bauchgefühl

„Mein Hund ist wie ein Fels. Er ist einfach da. Egal, was passiert, er bleibt bei dem, was jetzt ist. Ich hingegen hänge meinen chaotischen Gedanken nach, bin nur in meinem Kopf unterwegs. Ich frage mich, wie wir da zusammen kommen sollen?" so beschrieb eine Teilnehmerin bei einem Workshop ihre Beziehung zu ihrem Hund.

Menschen denken gerne. Wir reflektieren, planen, grübeln, sinnieren, brüten über uns, unseren Hund und die Hundewelt. Das tun wir ohne Pause am Tag und am liebsten auch in der Nacht. Im Grunde ist das auch nicht schlecht – sofern es uns nicht um den Schlaf bringt, weil wir annehmen, wir könnten dadurch eine Lösung für schwierige Situationen mit Hund finden.

Denken dient ja bekanntlich der Informationsverarbeitung und wir brauchen diese psychischen Prozesse, um uns in der Welt zurecht zu finden. Es funktioniert wie ein Filter, der alle Sinneseindrücke in Windeseile verarbeitet. Wir gleichen das, was wir wahrnehmen mit dem ab, was wir bereits kennen, schließen von unserer Sicht auf die von anderen und deuten den Sinn aufgrund unserer ganz persönlichen Erfahrungen. Nur wie immer, wenn es schnell gehen muss, bleibt kaum Zeit für Irritationen, wie z. B. für ein Bauchgefühl, das sich sehr viel leiser bemerkbar macht.

Hier und da fällt dann auch einfach das Wichtigste unter den Tisch, nämlich dass das, was wir denken, entweder bereits in der Vergangenheit liegt oder eine Interpretation der Zukunft darstellt. Wenn wir denken, sind wir in unserem Kopf und damit überall nur nicht im Hier und Jetzt und schon gar nicht bei unserem Hundeherz. Wir kommen erst dann wirklich mit unseren Hunden zusammen, wenn wir uns selbst und damit auch das Leben um uns herum im Hier und Jetzt fühlen.

Fühlen heißt, das wahrnehmen, was passiert, bevor du denkst. Fühlen ist das Naheliegende. Es passiert ohne Anstrengung, weil es das ist, was gerade da ist. Doch da sind so viele Gedanken, die dir sagen, was du fühlen solltest, wie du sein solltest und was du tun solltest. Sobald du ein Gefühl wahrgenommen hast, schaltet sich der Kopf ein, will prüfen, bewerten, sortieren und einordnen, die Logik darin erkennen und wenn das, was du wahrnimmst nicht als Wort daher kommt; wenn es nicht eindeutig benannt oder in einen passenden Zusammenhang gestellt werden kann und daher nicht plausibel ist, dann wird es vom Denk-Sinn auch direkt wieder verworfen. Das einzige, was uns von unserem Herzen trennt und uns beim Fühlen ständig in die Quere kommt, das ist der Kopf. Unsere Hunde schaffen es auf wundervolle Art und Weise, den Weg zu unserem Herzen wieder freizumachen. Sie helfen uns, ins Fühlen zu kommen.

Geschichte: Mit Hund ins Fühlen kommen

Emma war etwa 11 Jahre alt. Sie erzählt mir, sie lag bereits im Bett und dachte über den vergangenen Tag nach:

„Ich dachte über das Leben nach und dabei fiel mir ein, es wäre durchaus möglich, dass ich einschlafen und nicht mehr aufwachen könnte. Was wäre, wenn ich sterben würde? Ich stellte mir vor, wie ich mich von meinen Lieben: meinem Bruder, meinen Eltern, meinen Großeltern verabschieden würde. Doch als ich an meine Lieblingsoma dachte und deren Hund, zu dem ich mich immer wieder bei unseren Besuchen ins Körbchen stahl, um mit ihm zu kuscheln. Da tropfte mir die erste dicke Träne die Wange hinunter und ich spürte auf einmal eine riesige Welle der Traurigkeit, die diese Gedanken an den Abschied mit sich brachten. Nie wieder würde ich sein Fell streicheln, seine Nähe, die Wärme und Geborgenheit spüren. Mein Herz wurde ganz schwer und ich konnte gar nicht mehr aufhören zu weinen. Nicht nur der Hund ist mir wichtig, die Menschen auch. Aber erst der Hund hat mich meine Traurigkeit fühlen lassen."

Ein Gefühl für dich selbst und deinen Hund zu bekommen, ist die Folge von gelebten Erfahrungen. Wie ein Kind, das Laufen lernt, im Nachhinein auch nicht mehr sagen kann, wie es davor war, genauso ist es uns oft auch nicht bewusst, dass wir ein Gefühl für Mensch und Tier mit der Zeit erst ausgebildet haben. Wir können uns nur mit Mühe daran erinnern, dass es mal anders war. Manch erfahrener Hundemensch setzt es daher bei der Hundeführung meist schon voraus. Landauf und landab hört man auch immer wieder gerne die Aussage: „Entweder du kannst es es oder du kannst es eben nicht." So ein Quatsch. Jede/r kann lernen, mit Hund ins Fühlen zu kommen, auf sein Hundeherz zu hören und seinen Hund authentisch zu führen. Das geht nicht von einem Moment auf den anderen, aber wenn du dir ein paar Minuten Zeit für die folgenden Fragen nimmst, kannst schon mal einen Eindruck gewinnen, wie es ist, wenn du vom Kopf ins Herz und mit deinem Hund ins Fühlen kommst.

Übung: Fühlfragen

Dein Hund lässt dein Herz höherschlagen. Willst du (noch) mehr mit Hund ins Fühlen kommen? Dann beantworte die folgenden Fühl-Fragen!

1. Wie möchtest du mit deinem Hund mehr fühlen können?

2. Wie fühlst du dich aktuell?

3. Was liebst du an deinem Hund?

4. Was macht dir am meisten Freude mit ihm?

5. Wo bist du dir sicher mit und bei deinem Hund?

6. Wo bist du dir unsicher mit und bei deinem Hund?

7. Wo hast du die meiste Angst mit und ohne Hund?

8. Wann fühlst du dich mutig mit und ohne Hund?

9. Wie zeigst du dir selbst und deinem Hund Dankbarkeit?

Ins Fühlen zu kommen, das ist die eine Sache. Eine andere ist es, Kopf und Herz in Einklang zu bringen. Hier wird es schon kniffliger. Wenn mein Hund sprechen könnte, würde er tagtäglich von mir fordern: „Soll ich etwas für dich tun? Dann bring Kopf und Herz in Einklang!" Habe ich es wieder mal vergessen, erinnert mich sein fragender, kritischer Blick oder manch unerwünschtes Verhalten daran, dass er mir nicht abnimmt, was ich sage und entsprechend auch nicht bereit ist, was auch immer ich von ihm will, zu tun und sei es bloß ein Sitz.

Es gibt Momente, in denen es leicht fällt, mit Kopf und Herz zu kommunizieren. Da fällt mir die Situation ein, in der ich ihn mit meinen neuen Schuhen (Cowboystiefeln aus echtem Leder) erwischt habe. Zack, war ich am Start und mein „NEIN!" war so überzeugend, dass er nie wieder nachgefragt hat, ob das Ding zum Abkauen da ist. In anderen Situationen, wie z. B. Hundebegegnungen wird es schon kniffliger. Hier möchte der Kopf wieder die Führung übernehmen und wir wägen verschiedene Handlungsmöglichkeiten ab. Dabei fragen wir uns: „Kommen wir gut aneinander vorbei? Hat der andere Hundehalter seinen Hund im Griff? Sollen wir nicht doch lieber einen Bogen gehen? Was macht das für einen Eindruck? usw. Diese Gedanken machen, dass du dich unwohl fühlst, dich anspannst, vielleicht sogar ärgerlich und wütend wirst. Wenn dem so ist, wäre es stimmig, Abstand zu halten. Doch wir hören besser nicht auf unser Gefühl und wollen es trotzdem versuchen. Diesen inneren Konflikt hat unser Hund längst erkannt und egal, was wir sagen, wir können ihm nicht länger ehrlich und authentisch vermitteln „Es ist alles in Ordnung".

Gefühle sind ein ursprünglicher Teil unserer Kommunikation. Als es noch keine Sprache gab, mussten auch wir Menschen uns auf sie verlassen. Dann entwickelten wir die sprachliche Kommunikation und sie brachte uns einen evolutionären Vorteil, indem sie die Verständigung vereinfachte. Das macht das Leben leichter, birgt aber die Gefahr von Missverständnissen. Denn wir kommunizieren nicht nur mit Worten, wir sprechen mit all dem, wer, was und wie wir sind. Dazu gehört der sprachliche Teil genauso wie der nicht-sprachliche Teil, Worte genauso wie Körpersprache. Kommunikation beginnt im Körper und wenn das, was du fühlst, nicht zu dem passt, was du denkst und tust, dann wird deine Führung unklar.

Es reicht also nicht, sich in schwierigen Situationen eine Lösung auszudenken und einzig und allein dem Kopf die Führung zu überlassen. Du kannst dich und deinen Hund nur dann sicher führen, wenn du auch auf dein Hundeherz hören lernst, also dein Bauchgefühl wahrnimmst und indem du Kopf und Herz in Einklang bringst.

Geschichte: Hundebegegnungen nach Bauchgefühl

Pia hat einige ziemlich schlimme Erfahrungen mit Hundebegegnungen gemacht. Otto, ihr Hund, wurde dabei mehrfach verletzt. Seither beginnen die Gedanken in ihrem Kopf schon zu kreisen, wenn sie aus weiter Ferne sieht, dass ein/e andere/r Hundehalter/in auf sie zukommt. Sie überlege sich, ob sie einen Bogen gehen oder die Konfrontation wagen, ob sie Otto ableinen oder angeleint lassen soll. Ich frage sie: „Hast du auch angenehmen Hundebegegnungen? Pia denkt nach und meint dann: „Klar, ab und zu treffe ich auch mal auf nette Hundeleute."

„Was ist da anders?" Möchte ich wissen. Pia zählt auf: „Ich sehe, dass die Person mich wahrgenommen hat, wenn sie ihren Hund zu sich ruft, anleint, mir ein Zeichen gibt oder mir Platz macht. Manchmal ist es auch so, dass ich irgendwie spüre, dass es gut gehen könnte. Wenn mir Mensch und Hund sympathisch sind, denke ich: „Auch wenn was passiert, dann können wir das regeln."
„Wie machst du das?" Frage ich nach. Pia überlegt: „Das kann ich gar nicht so genau sagen, es ist mehr ein Gefühl, ich denke nicht bewusst darüber nach und gehe nach meinem Bauchgefühl, das mir vermittelt, es ist okay."
Für Pia entsteht die Angst im Kopf. In dem Moment, in welchem sie beginnt darüber nachzudenken, wie sie am anderen vorbei kommen soll, hat sie ihre Sicherheit verloren. „Du kannst dir deine Angst vor Hundebegegnungen zu Nutze machen." schlage ich vor, „deine Angst ist offenbar eine gute Ratgeberin. Sie erinnert dich an die Vorfälle und hilft dir, sie zu vermeiden. Wenn du sie spürst und anfängst zu überlegen, könnte das schon ein Signal sein, Abstand zu halten solange oder soweit, bis du wieder deine Sicherheit spürst." Pia lernte so auf ihr „Hundeherz" zu hören, also auf das, was ihr Bauchgefühl ihr sagt.

Mancher (Hunde-)Blick sagt mehr als Worte und unter Menschen ist der bezeichnende Ausdruck „wenn Blicke töten könnten" allgemein bekannt. Jeder hat schon mal diese kleinen, wütenden Blitze gesehen, die aus den Augen schießen können. Diese Energie kann man direkt spüren. Da ist nichts Übersinnliches dran. Doch die Signale sind nicht immer so offensichtlich, ganz oft sind sie viel feiner und subtiler, so dass wir die Energie nicht klar und deutlich sehen, nur mehr unbewusst etwas davon spüren. Unser Bauchgefühl macht sich dann leise

z. B. durch eine plötzliche Atemlosigkeit oder die (in der Tasche) geballte Faust; ein leises Grummeln im Bauch, die juckende Nase oder die schmerzhafte Kiefersperre bemerkbar. Es fällt uns schwer, genau das zu benennen und das müssen wir gar nicht. Du musst keine Worte dafür finden, es reicht, wenn du fühlen kannst, ob es stimmig ist oder nicht.

Lass es doch mal auf einen Versuch ankommen und hör auf dein Hundeherz. Nimm das wahr, was ist, auch wenn es dem widerspricht, was du denken, fühlen, wie du sein oder was du tun solltest. Dabei darf alles sein, die guten wie die schlechten Gefühle, denn sie haben uns alle etwas zu sagen. Berücksichtige dein Bauchgefühl für deine nächsten Schritte, nimm es ernst und handele danach. Das lernst du nicht, indem du dir dieses Kapitel nur mal eben durchliest und dir deine Gedanken dazu machst. Es geht darum, es praktisch auszuprobieren. Am besten du beginnst gleich jetzt: Horch mal in dich rein, was dein Hundeherz dir gerade sagen möchte.

Achte auf dich genauso, wie du auf deinen Hund achtest

*Stehst du mit dem Rücken zur Wand,
dann lehn dich an!*

Ertappst du dich auch schon mal dabei, dass du für deinen Hund eine 1,5 Liter Wasserflasche durch den heißen Sommernachmittag schleppst, aber den Sonnenschutz für dich vergessen hast? Es scheint eine echte Herausforderung zu sein, auf sich selbst genauso zu achten wie auf seinen Hund. Doch bevor du nicht lernst, in schwierigen Situationen auf dich zu achten, tut es auch kein anderer – auch nicht dein Hund.

Dieses Kapitel befasst sich damit, warum es nicht immer ratsam ist, sich auf Teufel komm raus schwierigen Situationen zu stellen und dass Management statt Konfrontation eine hilfreiche Alternative dazu bietet. Du liest im Folgenden, wie du dein inneres Gleichgewicht wieder finden kannst, indem du auf dich achtest und dich in schwierigen Situationen selbst an die Hand nimmst.

- Übung: Lehn dich an
- Geschichte: Die letzte Gassirunde
- Übung: Alternative Wege
- Geschichte: Mein Hund kann nicht alleine sein

In schwierigen Situationen verlieren wir den Kontakt zu uns selbst. Wir kritisieren uns, schimpfen mit uns, treiben uns an, denken richtig fies über uns und wenn nicht über uns, dann über andere Menschen oder unseren Hund. Vielleicht glauben wir, wir müssten uns verteidigen, gehen nach vorne, kämpfen mit dem Hund und den anderen Menschen. Aber im Grunde kämpfen wir mit uns selbst und prügeln uns auf Teufel komm raus durch schwierige Situationen.

Trotz bleierner Müdigkeit zwingen wir uns zu einer riesengroßen Gassi-Runde oder gehen stundenlang zum Hundesport. Nach der dritten Katzenbegegnung nehmen wir völlig entnervt auch noch mindestens zwei Hundebegegnungen mit. Obwohl wir wissen, dass es wieder Stress gibt, wenn der Hund vor dem Laden warten soll, soll er noch schnell mit zum Brötchen holen beim Bäcker um die Ecke. Mit miesem Bauchgefühl geben wir dem Gruppendruck nach, leinen den Hund in der Hundeplauschgruppe ab und ärgern uns, dass ein Chaos los bricht und am Ende genau das passiert, was wir vorhergesehen hatten.

Wenn du jetzt meinst, es hätte ja durchaus gut gehen können, stimme ich dir zu. Die Wahrscheinlichkeit bestand sicher, doch sie war nicht sehr hoch. Bestimmt ist es gut, schwierige Situationen zu suchen, anstatt sie zu vermeiden, zu umgehen oder dein Leben entsprechend einzurichten, dass „es" überhaupt nicht mehr passiert. Man wächst ja schließlich an seinen Aufgaben. Umgekehrt wird aber auch kein Schuh draus, wenn du dich immer wieder in die für dich schwierigen Situationen begibst, weil du glaubst, Konfrontationstherapie habe den Effekt, dass du dein Kopfkino mit der Realität abgleichen kannst und im besten Fall zu dem Schluss kommst, dass die Realität nichts mit deinen Gehirngespinsten zu tun hat. Dass du merkst, dass deine Befürchtungen mit der Zeit abnehmen und vielleicht am Ende sogar ganz verschwinden und dass du die schwierige Situation meisterst und mit der positiven Erfahrung deine Komfortzone erweiterst.

In der Verhaltenspsychotherapie wird Konfrontationstherapie bei klar strukturierten Ängsten angewandt, z. B. bei Phobien. Der Moment, in welchem man sich seiner Angst stellt, wird dabei therapeutisch vorbereitet, währenddessen begleitet und nachbesprochen. Der Rahmen ist also sicher und geschützt. Eine wichtige Voraussetzung für den Erfolg solcher Verfahren. Schwierige Situationen mit Hund sind oft sehr viel komplexer als z. B. Höhenangst und lassen sich nicht so leicht kontrollieren, dass am Ende ein positiver Lerneffekt eintritt. Wir haben weder den Hund noch unsere Mitmenschen absolut unter Kontrolle. Oftmals kommt man überraschend in eine Konfliktsituation und dann ist guter Rat teuer. Es gibt keine einfachen Lösungen dafür.

Für schwierige Situationen, die dich und deinen Hund heftig aus dem inneren Gleichgewicht bringen können, ist es wenig ratsam, dich ihnen auf Teufel komm raus immer wieder zu stellen, mit aller Macht gegen deine Gefühle zu gehen und dich und deinen Hund zu zwingen: Da müssen wir jetzt durch! Das hat nämlich genau den gegenteiligen Effekt. Du und dein Hund speichert die Misserfolge, die damit immer wieder erlebten, unangenehmen Gefühle. Du wirst daraufhin noch mehr Horrorfilme für dein Kopfkino produzieren, die du als Erinnerung an deine Unfähigkeit immer wieder auf der inneren Leinwand abspielen kannst.

Dieses Vorgehen ähnelt einem Lotteriespiel. Die Wahrscheinlichkeit zu gewinnen und die schwierige Situation erfolgreich zu meistern, ist äußerst gering. Viel wahrscheinlicher ist es, dass dieses Vorgehen dir mehr Misserfolge bringt und den Zweifel füttert, dass du jemals ein/e souveräne/r Hundeführer/in sein wirst. Glücksspiel hat auch recht wenig mit souveräner Führung, dafür mehr mit einer unsicheren Wackelpartie zu tun, bei der du zwangsläufig aus deinem inneren Gleichgewicht kommst. Doch der/die einzige, der/die für deine innere Balance sorgen kann, das bist du. Du kannst sie wieder finden, wenn du dir erlaubst, auf dich zu achten.

Übung: Lehn dich an!

Wenn du mit deinem Hund und den Themen, die er für dich repräsentierst, wieder einmal kämpfst, lehn dich innerlich im oberen Rückenbereich ganz leicht entspannt zurück und lass die Schultern locker hängen mit der Vorstellung, dass du dich an jemanden oder etwas anlehnen kannst. Du darfst auch jemanden bitten, dir diese Anlehnung zu geben. Hand auflegen reicht in diesem Fall oft schon aus. Schon entsteht vor dir ein bisschen mehr Raum zum Atmen, schon richtet sich dein Kopf auf und schon balanciert sich dein ganzer Körper wieder etwas aus.

Geh in Kontakt mit den Dingen, die gerade da sind. Genau dort findest du die Anlehnung, die du brauchst, um dein inneres Gleichgewicht und deine (Selbst-) Führung wieder zu erlangen. Das ist leichter gesagt als getan. Denn viele denken, wenn sie aufhören zu kämpfen und sich schwierigen Situationen nicht stellen, dann wäre das ein Eingeständnis von Schwäche. Eine Hundehalterin meinte sogar zu mir: „Wenn ich nicht kämpfe, dann verliere ich." Obwohl von Panikattacken geschüttelt zwang sie sich immer wieder aufs Neue durch herausfordernde

Prüfungssituationen mit ihrem Hund und stellte sich dem kritischen Blick der Prüfer/innen.

Dabei sind diese oder ähnliche Situationen nicht dazu da, dich permanent daran zu erinnern, dass du nicht „richtig" bist. Du darfst an ihnen in deinem Tempo persönlich wachsen und lernen, mit Freude und Leichtigkeit dich selbst zu führen. Da sind noch mehr Spielräume für dich, als du denkst. Geh mal einen Schritt nach links oder nach rechts, sieh mal noch oben oder unten, blick zurück oder dreh dich mal im Kreis. Zwischen Scheitern und Gelingen, zwischen dem richtigen und dem falschen Weg gibt es noch mindestens eine andere Alternative – nämlich deinen Weg – den du finden und mit Überzeugung gehen kannst.

Geschichte: Die letzte Gassirunde

Sandras schwierigster Gang war nach Feierabend die letzte Gassirunde mit Toni. Im Dunkeln überblickte sie den Eingangsbereich nicht und es war schon oft vorgekommen, dass Nachbarn sie erschreckt hatten, wenn die beiden aus der Tür kamen. Toni hatte sich das gemerkt und machte jedes Mal eine „Kampfhundszene" draus. Sandra wurde häufig allein beim Gedanken an diese Erfahrungen körperlich schlecht. Was wollte ihr ihre Übelkeit sagen? Sandra fand für sich heraus, dass sie abends müde ist und sie sich wünscht, in Ruhe nochmal um den Block laufen, um den Tag gut abschließen zu können. Der Weg durch den engen Eingangsbereich war ihr in diesen Momenten einfach zu viel. Die Übelkeit stand für ihren Widerwillen, alles in ihr sträubte sich gegen die letzte Gassirunde. Was sie aber tun konnte, um sich selbst zu unterstützen war, den Weg durch den Keller in die Garage zu gehen und ein Stück mit dem Auto zu fahren. Es war zwar mehr Aufwand

und brauchte etwas Zeit. Dafür wusste sie, dass sie die Ruhe ha-
ben würde, die sie gerade brauchte.
Sandra nahm diesen Ausweg nicht jeden Tag. Aber allein darum
zu wissen, brachte ihr eine große Entlastung in ihrem Alltag und
sie konnte endlich einen Schritt weiter gehen. Sie wollte Toni für
die engen Situationen absichern. Also trainierte sie ihm einen
Maulkorb an. Das konnte nur eine vorübergehende Lösung sein,
denn die enge Situation im Eingang und die damit verbundenen
Schwierigkeiten blieben. Sie ließ den Anspruch hinter sich, in die-
ser Wohnung bleiben zu müssen bis sie das Problem endgültig ge-
löst haben würde und fand bald eine neue Wohnung, die besser zu
ihren und den Bedürfnissen ihres Hundes passte.

Konfrontation hilft nur, wenn du weißt, du bist sicher.
Ein gutes Management, auf das du zurückgreifen kannst,
wenn dir mal nicht nach Stress ist, ist eine feine Sache.
Das heißt nicht, dass du dich vor der Herausforderung
drückst. Nein, du entscheidest dich für einen alternativen
Weg in Anlehnung an das, was gerade ist. Du weißt, was
und wie es jetzt in diesem Moment für dich gut ist,
kannst dich selbst an die Hand nehmen und dich und
deinen Hund durch die schwierige Situation führen.
Wenn du müde bist, dann gönn dir erst einmal eine Pause oder geh später eine kleine Runde Gassi. Du darfst
das Training absagen oder hingehen und dort schauen,
auf was du heute wirklich Lust hast und wie lange es dir
gut tut. Du darfst nach der ersten Katzenbegegnung
umkehren oder einen anderen Weg einschlagen, dir den
Abstand zu schwierigen Reizsituationen wie Katzen-
oder Hundebegegnungen nehmen, der dir und deinem
Hund gerade machbar erscheint. Du darfst deinen Hund

angeleint lassen, wenn dir danach ist und die Straßenseite wechseln, wenn es eng wird. Du darfst dir einen geschützten Ort für die Spaziergänge mit deinem Hund suchen. Du darfst auf dich achten, dich selbst an die Hand nehmen und es wirklich so machen, wie es für dich gut ist.

Übung: Alternative Wege

Es gibt immer mindestens vier Auswege für schwierige Situationen. Du kannst das Eine oder das Andere tun, du kannst beides tun oder keines von beiden. Darüber hinaus könnte es noch eine ganz freie Idee geben, die mit den anderen gar nichts zu tun hat.

Welche alternativen Wege hast du für deine schwierige Situation?

Wenn du dich selbst an die Hand nimmst, dann handelst du als dein eigener Chef/deine eigene Chefin. Als deine eigene Autorität brauchst du dich nicht zu erklären oder zu rechtfertigen. Du entscheidest und gibst dir bzw. deinem Hund die Richtung vor. Glaub nicht, das ist wenig. Im Stress bei dir zu bleiben, die Anlehnung in dir zu finden und die schwierige Situation auch noch zu managen, das schaffen selbst erfahrene Führungskräfte nicht immer. Aber je mehr du lernst, auf dich zu achten, beginnen andere – Hunde wie Menschen – plötzlich auch auf dich zu achten.

Geschichte: Mein Hund kann nicht alleine sein

Stefan kommt im Verlauf eines Kurses auf mich zu. Sein Hund Sammy, meint er, kann nicht alleine bleiben.

„Eigentlich möchte ich ihn auch nicht alleine lassen, aber ich bin schwer erkrankt und muss in nächster Zeit häufig zum Arzt, dort kann ich ihn nicht mitnehmen. Warum kann mein Hund nicht alleine bleiben? Der Nachbarshund kann das ohne Probleme und die kümmern sich gar nicht um den Hund. Ich war schon beim Hundetrainer und weiß eigentlich, was man tun sollte. Aber es klappt einfach nicht."

Stefan ärgert sich darüber, dass er sich anstrengt und bemüht, aber ohne Erfolg. Er ist ratlos und seine Gedanken drehen sich im Kreis. Ihm ist es wichtig, dass er sich um Sammy kümmert. Gleichzeitig ärgert er sich, dass es bei anderen scheinbar mühelos klappt. Wie kann er Sammy dazu bringen, alleine zu bleiben, um für sich seine Termine wahrzunehmen?

„Kannst du für einen Moment aus der Endlosschleife aussteigen und den Vergleich mit dem Nachbarshund lassen? Erinnere dich an Momente, in welchen du Sammy schon alleine lassen konntest."

„Ja, die gibt es tatsächlich. Ich kann ihn alleinlassen, wenn ich die Wohnung verlasse, um die Post zu holen, im Keller etwas aufzuräumen oder zum Nachbarin rübergehe."

„Wie machst du das?"

„Ich gehe ohne Schuhe. Ich verabschiede mich nicht. Es ist für mich selbstverständlich, dass ich gleich wieder komme."
Stefan erkennt für sich: „Ich möchte mich also weniger um Sammy kümmern, wenn ich fort muss. Bisher fällt es mir sehr schwer und ich entschuldige mich immer bei ihr, dass ich gehe." Das läge vielleicht daran, meint er, dass es ihm unangenehm sei, dass er sich um sich und seine Gesundheit kümmern müsse.

„Sammy braucht mich doch. Das macht es so schwer sie alleine zu lassen."

„Es geht nicht darum, dass du Sammy stundenlang alleine lassen sollst. Wie ich dich verstehe, möchtest du beruhigt deine Arzttermine wahrnehmen und sicher sein, dass es Sammy in dieser Zeit gut geht. Überleg mal für dich: Wie lange möchtest du denn, dass Sammy alleine bleiben kann?

„Zwei Stunden würden mir reichen." Stefan ist überrascht und freut sich: „Danke! Das erleichtert mich ungemein. Jetzt weiß ich, wo ich ansetzen möchte."

Ein paar Wochen nach dem Kurs schreibt mir Stefan: „Sammy kann mittlerweile die zwei Stunden gut alleine sein. Indem ich verstanden hatte, was mir gerade möglich und machbar war, konnte ich es auch meinem Hund vermitteln. Wenn ich auf mich achte, beginnt mein Hund auch auf mich zu achten.“

Hundefutter für die Seele

Sei dir selbst eine freundliche und liebevolle Gesellschaft.
Fütter dir Trost!

Nun hast du bis hierher schon so viel über dich erfahren und bist ein ganzes Stück mit Hund persönlich gewachsen. Doch obwohl du so viel über dich erfahren hast und zu den Fortgeschrittenen gehörst, passiert es immer noch, dass dich ab und an alte Geister heimsuchen und Situationen, die du mit deinem vierbeinigen Freund eigentlich schon gemeistert hast, wieder schwierig werden. Zu wissen, dass das normal ist und zum Wachsen dazu gehört, ist dir dabei kein echter Trost – ebenso wenig wie Süßigkeiten, Kaffee, gutes Essen, Zigaretten, Wein und anderen Hausmittelchen. In diesem Kapitel schlage ich dir ein natürliches Heilmittel vor, das garantiert keine Nebenwirkungen hat. In Hundefutter für die Seele geht es um echten Trost und darum, wie du dir diesen in schwierigen Momenten selbst schenken und dir eine freundliche Gesellschaft sein kannst.

- Geschichte: Endlich angekommen
- Übung: Umarme dich!
- Übung: Die zwei Wölfe

Manchmal hat man den Eindruck, dass gerade dann, wenn man sich mal auf den Weg gemacht hat, mit Hund persönlich zu wachsen, es erst recht schwierig wird. Da denkt man mal an nichts Böses und schon passiert es: Eine Situation, die du bereits mit viel Training, Blut und Schweiß überwunden zu haben glaubtest, geht wieder schief. Schwupp, holen dich die alten Geister heim und spuken plötzlich wieder in deinem Kopf herum. Erinnerungen an alte Geschichten kommen hoch und damit auch die bekannte Sorge, dass es immer so weiter gehen könnte und du niemals aus der Endlosschleife herausfindest. Oh weia, ich merke sogar beim Schreiben, welchen Sog diese Gedanken haben und in welche Tiefe sie einen ziehen können. Wie ein schwarzes Loch, das alles mühevoll Erreichte und jegliche schöne Erfahrung aufsaugt.

„Du darfst dich halt nicht in dein schwarzes Loch fallen lassen!", meinte mein damaliger Hundetrainer dann zu mir. Ja, da hatte er schon Recht. Nur leider – und vielleicht kannst du das bestätigen – hat dieses Loch eine magnetische Wirkung und es fühlt sich zwar nicht gut, aber so bekannt an. Ehe man sich versieht, fällt man hinein, weil man sich mut- und kraftlos fühlt und nichts hat, was man dem Sog entgegen setzen könnte. Dann bringt es nichts, einfach eine andere Sichtweise einzunehmen, die schwierige Situation mal eben positiv zu deuten und aus dem „Chaoshund" die Chance zu machen. So ein Spruch ist leicht daher gesagt, übergeht den Schmerz und statt echten Trost zu spenden, wird die Schwierigkeit klein- oder schöngeredet. Dazu gehören auch solche gutgemeinten Floskeln wie „Das wächst sich schon noch aus. Das wird schon werden. Beim nächsten Mal klappt's bestimmt. Alles wird gut." Ich sage da nur: „Haha!"

Süßigkeiten, Kaffee, gutes Essen, Zigaretten, Wein und andere Hausmittelchen helfen leider ebenfalls nur vorübergehend. Der Effekt nimmt mit der Zeit ab, weil sie nicht wirklich satt machen und unseren Hunger nach echtem Trost nicht stillen. Man braucht schließlich immer mehr davon. Dazu verursachen sie unangenehme Nebenwirkungen, wie z. B. lästiges Übergewicht und einen leeren Geldbeutel.

Die alten Geister, die dann auftauchen, wenn wir wieder an unserem wunden Punkt getroffen werden, verschwinden nicht von selbst und wir können den Sog des schwarzen Lochs auch nicht mit positivem Denken und Hausmittelchen mir nichts dir nichts auflösen. Doch es gibt etwas, das den Sog des schwarzen Lochs bremst und sogar umkehren kann: Hundefutter für die Seele gibt dir das, was deinen Hunger nach echtem Trost wirklich stillt. Es besteht aus zwei essentiellen Zutaten: erstens aus der ehrlichen Annahme dessen, was ist und zweitens aus einer liebevollen Berührung.

Persönlich wachsen mit Hund, das möchten viele, hingegen unangenehme Situationen, Probleme und Krisen mit Hund thematisieren, das macht keiner gerne. Niemand gibt freiwillig zu, dass es ihm schlecht geht oder dass ihm sein Leben mit Hund gerade Mühe macht. Wir haben uns angewöhnt, diese Bereiche des Lebens auszuklammern und so schnell wie möglich zur Tagesordnung überzugehen. Aus den Augen aus dem Sinn lautet die Devise und wenn wir nicht über Schwierigkeiten reden, dann werden wir auch so schnell nicht wieder daran erinnert, dass es sie gibt. Nur blöd, dass wir gerade unangenehme Situationen, Probleme und Krisen brauchen, um persönlich zu wachsen. Wir brauchen unsere Schwächen, um daraus eine Stärke zu machen. Genau dort, wo wir eine Schwäche spüren, liegt doch das Potential über uns und mit Hund hinauszuwachsen. Aber anstatt zu fühlen, wahrzunehmen und die unschöne Wirklichkeit zuzulassen, hauen wir mal eben einen lockeren Spruch raus oder packen ein Hausmittelchen drauf. Persönlich wachsen mit Hund, heißt auch, genau zu diesen Momenten zu stehen.

Ich habe oft beobachtet, wie Menschen in dem Moment, in welchem ihr Schmerz gesehen wurde und sein durfte, einen langen Seufzer ausstießen, weil sie das, was gerade anstrengend und schwer war, auch selbst wahrnehmen und annehmen konnten. In den Augen unserer Hunde können wir manchmal unseren eigenen Schmerz sehen und wie tröstlich, wenn wir ehrlich zu uns selbst sein, unsere Verletzlichkeit zeigen und weinen können.

Geschichte: Endlich angekommen

Marco hat seinen Hund erst seit einer Woche als er mich kontaktiert. Er ist total erschöpft und mit den Nerven am Ende. Es ist sein erster Hund und seine Lebenssituation dazu noch äußerst kompliziert. Ein paar Tage nach dem Coaching erzählt er mir:

„Zum ersten Mal kann ich den Gedanken zulassen, dass der Zeitpunkt für einen Hund ungünstig ist. Die Aufgabe ist doch größer als ich anfangs dachte. Ich werde es nicht schaffen, in wenigen Tagen alles perfekt zu organisieren. Mit diesem Anspruch habe ich mich komplett überfordert. Ich hatte solche Angst, mir meine Schwäche einzugestehen. Aber was dann passiert, war wie ein kleines Wunder. Plötzlich konnte ich meine Erschöpfung selbst am ganzen Körper spüren. Es war, als ob mein Herz aufgehen würde, da war auf einmal so viel Zuneigung für den Hund. Ich konnte meinen Hund mit Liebe sehen. Irgendwie muss er gespürt haben, dass ich nun bei mir angekommen war, denn er legte sich in diesem Moment zu mir. Es war, als hätten wir endlich eine Verbindung.“

Die freundliche Gesellschaft unseres Hundes wertet nicht. Er sagt uns nicht, was wir zu tun oder zu lassen haben, wie oder was wir zu sein haben und ist ganz einfach für einen da. Wenn er einmal nicht da ist, fühlt sich das Haus leer und kalt an. Seine Präsenz schafft eine heimelige, behagliche Atmosphäre, die fast mit den Händen greifbar scheint. Auch während ich dieses Buch schreibe, bin ich nicht allein. Hinter mir schnarcht es leise im Korb und ich freue mich über die freundliche Gesellschaft. Genau das ist es auch, was dir auch in schwierigen Momenten gut tut.

Sein verständnisvoller Hundeblick (jedenfalls sehen wir das gerne in ihm), die Berührung seiner feuchten Nase und des warmen, weichen Fells beruhigen und tun gut. Wir brauchen dann nicht mehr, zu essen, zu rauchen und alles Mögliche zu konsumieren; wir können all das sein lassen, was uns noch frustrierter, trauriger, mutloser und verzweifelter werden lässt. Die Berührung deines Hundes versöhnt dich damit, dass all das, was du erlebst zu dir gehört, zu deinem echten Leben mit Hund. Du kannst dir jetzt auch so eine tröstliche Berührung schenken, in dem du dich einmal umarmst.

Übung: Umarme dich!

Umarme dich! Ja, du hast richtig gelesen. Du darfst dich jetzt fest umarmen, so lange und so dolle, wie du es brauchst. Du darfst dir mit den Händen auch über den Rücken streichen. Genau so, wie wenn du jemanden tröstend im Arm halten würdest. Denk nicht so viel darüber nach, wie das aussieht und was andere von dir denken könnten. Du musst dich ja nicht gerade in der Öffentlichkeit selbst umarmen. Tu es ganz für dich.

Bemerkst du bei dieser Übung auch einen gewissen Widerwillen? Den kenn ich gut. Anderen Trost zu spenden, ist easy. Aber sich selbst Trost zu schenken und diesen auch anzunehmen, würde ja bedeuten, wir müssten uns selbst eine Schwäche eingestehen. So schlimm ist es dann doch nicht, stimmt's? Außerdem gibt es immer noch Menschen, die viel schlimmer dran sind.

Wer bestimmt eigentlich, wer Trost verdient hat und wer nicht? Wer sagt, dass es schwach ist, wenn man eine Schwäche zugibt? Du musst nicht immer stark sein, auch deine vermeintlich schwache Seite ist unglaublich schön und es ist egal, ob und inwiefern irgendjemand auf dieser Welt deinen Schmerz nachvollziehen kann. Es ist wie es ist. Dir geht es gerade mies und du brauchst Trost. Es gibt definitiv keinen Grund, dir diesen Trost zu verweigern.

Manchmal fühlt es sich auch nur so an, als stecke man noch mitten im Chaos, dabei ist die eigentliche schwierige Situation mit Hund bereits einige Zeit her, z. B. ist die misslungene Hundebegegnung heute morgen gewesen, die beängstigende Operation beim Tierarzt seit ein paar Tagen überstanden und der fürchterliche Schreckmoment, in dem dein Hund dir verloren ging, längst vorbei. In der schwierigen Situation hast du dich zusammengerissen, warst stark und beherrscht. Erst im Nachhinein ist alles so schwer und du denkst, dein Leben sei ein einziges Chaos. Kannst du mal eben überprüfen, ob du jetzt im Moment, dort wo du gerade bist, in einer schwierigen Situation bist und kämpfen musst? Falls nicht, wäre es ein guter Zeitpunkt um dich als Überlebende zu feiern und dich an deinem sicheren Ort jetzt ein wenig zu entspannen.

Übung: Die zwei Wölfe

Du darfst dich bequem hinsetzen oder hinlegen. Mach es dir gemütlich. Wenn du möchtest, dann deck dich zu.

Beobachte deinen Atem. Mit jedem Ausatmen darfst du ruhiger werden und dich tiefer in dich selbst fallen lassen.

In dir gibt es einen Raum, einen sicheren Ort, an den nur du gelangen kannst.

Ein sicherer Ort, an dem du, ganz du selbst sein darfst. Hier lebt ein Rudel Wölfe. Sie kennen dich und sie beschützen dich. Du darfst dich zu ihnen setzen und zwei Wölfe zu dir rufen. Du brauchst ihre Namen nicht zu kennen. Sie spüren deinen Ruf und kommen gleich zu dir. Ganz nah. Du spürst ihren Atem und sie schmiegen sich direkt an deinen Körper. Du fühlst ihre Wärme und ihre Kraft. Bleibe solange du möchtest bei deinen beiden Wölfen.

Wenn du merkst, dass es Zeit wird, dann bedanke dich bei den beiden und verbschiede dich auf deine Weise.

Lass dich von drei tiefen Atemzügen langsam wieder an die Oberfläche deines Bewusstseins tragen und spüre der Übung nach. Du hast diesen Ort immer in dir und je öfter du diese Übung machst, umso schneller kommst du dorthin.

Diese Übung kannst du auch üben, wenn du denkst, dass du keinen Trost nötig hast. Sie gibt einem ein gutes Gefühl und man kann dabei zur Ruhe kommen. Vielleicht merkst du auch erst beim Üben, dass du eigentlich ein wenig Trost gebrauchen könntest.

Im Akutfall darfst du deine Ration Hundefutter für die Seele mehrmals täglich füttern. Das macht nicht dick, spart Geld und ist völlig unbedenklich. Bei regelmäßiger Einnahme hilft es, unangenehme Situationen, Probleme und Krisen mit Hund zu meistern, so dass dich die alten

Geister in Frieden lassen und vom schwarzen Loch bald nur noch ein Mauseloch übrig ist.

Leinenfreiheit für dich

Du willst deine Freiheit (wieder) spüren?
Lass die innere Leine los!

Gibt es etwas Schöneres, als mit deinem vierbeinigen Freund draußen in der Natur unterwegs zu sein? Mal läufst du vorneweg, mal deinem Hund hinterher, dann geht ihr wieder nebeneinander. Es braucht dafür keine Leine. Jeder geht seinen Weg und dennoch seid ihr gemeinsam unterwegs. Wie wäre es, wenn du dir dieses Gefühl der Leinenfreiheit auch im Alltag mit Hund immer wieder herholen könntest?

Im Alltagsstress ist das gar nicht so leicht. Denn da sind diese vielen Verpflichtungen, die uns davon abhalten, das zu tun, was uns Freude macht. Wir denken, alles perfekt zu machen, wäre die einzige Möglichkeit, damit wir uns endlich frei fühlen können. In diesem Kapitel erfährst du, warum alles perfekt zu machen, keine gute Idee ist und was es braucht, um innere Leinen wirklich loszulassen und deine Freiheit wieder zu spüren.

- Übung: Die innere Leine
- Übung: Lass die innere Leine los
- Geschichte: Eine Wohnung ist zum Leben da!

Auf dich ist Verlass, du bist eine treue Hunde-Seele, die sich gerne verpflichtet und auch schnell verpflichtet fühlt, du nimmst deine Verantwortung sehr ernst. Eigentlich bist du nie wirklich frei und hängst immer irgendwie an der Leine. Manche sind länger, manche kürzer und wenn man all deine Verpflichtungen zusammen nimmt, ergeben sie ein richtiges Leinenkuddelmuddel. Umso schwerer ist es, diese zu entwirren und im Alltag mit Hund ein Gefühl von Leinenfreiheit wieder herzuholen. Denn da sind ja unzähligen Verpflichtungen, die an dir ziehen und die Führung in deinem Leben übernehmen.

Wie schnell geht es doch, dass du, wenn es eng wird, genau das von der To-Do-Liste streichen willst, was DIR am wichtigsten ist, was DIR gut tut und worauf DU dich gefreut hast. Wozu? Um zuallererst allen anderen Verpflichtungen gerecht zu werden, dich aus der Klemme zu befreien und die Spannung aus der Leine zu bekommen. Spannung auf der Leine, das lernt man schon in der Hundeschule, ist ganz schlecht; da kann es schon mal zum Konflikt kommen. Daher denkst du: „Das Leben ist nun mal wie es ist und daran ist auch nicht zu rütteln. Die anderen können ihr Leben frei planen und es in vollen Zügen genießen. Nur du kannst dich nicht frei fühlen und das tun, was du möchtest."

Wie ist es mit der Verpflichtung DIR selbst gegenüber? Was wäre, wenn du die innere Leine loslässt und das tust, was DIR wichtig ist? Moment mal, das geht doch nicht! Das Leben ist kein Wunschkonzert. Erst der Hund – äh die Arbeit, dann das Vergnügen. Erst wenn du alles perfekt gemacht hast, dann hast du dir deine Pause redlich verdient. Du kannst nicht gehen, ehe du die Dinge in Ordnung gebracht hast. Sicher nicht? Ganz sicher nicht?

Ich muss dich leider enttäuschen, du wirst niemals alles in Ordnung bringen können. Nicht, wenn du innerlich an diesen Leinen hängst:

- Ich muss mich anstrengen/Mein Hund muss sich anstrengen!
- Ich muss stark sein/Mein Hund muss stark sein!
- Ich darf nicht auffallen/Mein Hund darf nicht auffallen!
- Ich muss es anderen recht machen!
- Ich muss es perfekt machen/Mein Hund muss es perfekt machen!
- Ich muss perfekt sein/Mein Hund muss perfekt sein!

Das sind keine Hundeleinen, diese Leinen nennt man Glaubenssätze und sie gehören in die Kategorie „magisches Denken". Als kleine Kinder haben wir uns diese Logik zurechtgelegt, weil sie damals im familiären Rahmen oder in bedrohlichen Situationen funktionierten. Wir glauben seither, wenn wir nach ihnen handelten, würden wir akzeptiert, geliebt, gesehen, geschätzt werden. Nur wenn wir sie berücksichtigen, könnten wir die Kontrolle im Leben behalten, Konflikte vermeiden und wären sicher. Wenn wir ihnen folgen, könnten wir im Leben erfolgreich sein. Pustekuchen! Jetzt sind wir erwachsene Menschen und das Leben mit Hund ist deutlich komplizierter geworden. Es lässt sich nicht mehr durch diese einfachen Sätze an die Leine hängen und somit kontrollieren. Die Realität hat die kindliche Logik längst überholt. Aber wir halten immer noch an diesen inneren Leinen fest.

Für viele Hundehalter/innen ist es das Schönste, wenn sie ihren Hund frei laufen lassen können, wenn er rennen, schnüffeln und sich mit dem beschäftigen darf, was ihn wirklich interessiert. Wir schauen den Hunden gerne dabei zu, wie sie ihre Freiheit genießen und ein bisschen wild sein dürfen. Vielleicht, weil es uns etwas von dem Gefühl zurückgibt, nach dem wir uns heimlich sehnen.

Wenn dir im Alltag nach innerer Freiheit ist, dann kannst du dir mit der folgenden Übung das damit verbundene Gefühl wieder herholen.

Übung: Die innere Leine

Stell dir vor, du gehst mit deinem Hund an der Leine spazieren, ihr geht euren Lieblingsweg entlang. An der gewohnten Stelle machst du ihn von der Leine ab. Das geschieht ganz ruhig. Er merkt es kaum, bleibt bei dir, schaut dich fragend an und du gibst ihn mit einem euch bekannten Signal frei. Jetzt ist Freizeit für deinen Hund. Die Leine ist los. Du siehst wie er schnüffelt, sich beschäftigt. Er fühlt sich sichtlich wohl. Du kannst deinen Arm entspannen, die Leine in die Tasche tun und atmest befreit aus.

Genauso wie du deinen Hund nicht einfach so von der Leine lassen kannst, ohne vorher zu wissen, dass du ihm vertrauen kannst, so braucht es auch Vertrauen, dass du eine Alternative hast, wenn du deine innere Leine loslässt. Die innere Leine loszulassen ist nicht so ohne Weiteres möglich, denn wir haben über lange Zeit nach diesen Glaubenssätzen funktioniert. Besonders im Stress, wenn wir nach einer schnellen Lösung suchen, sind die alten Handlungsketten wieder da und die Endlosschleife beginnt sich wieder zu drehen. Es reicht nicht, die alten Leinen zu kappen. Unser Gehirn braucht einen entsprechenden Ersatz, um dir eine Handlungsalternative vorschlagen zu können. Loslassen setzt voraus, dass du dir sicher sein kannst, aufgefangen zu werden. Glaubenssätze müssen ja nicht immer einschränken. Sie könnten zur Abwechslung auch mal erlauben und befreien. Nachfolgend habe ich dir die einschränkenden in befreiende Glaubenssätze umformuliert. Auf sie kannst du im Stress zurückgreifen, die Sicherheit in dir finden und die innere Leine loslassen.

Wenn du magst, dann ersetze immer wieder mal einen einschränkenden durch einen befreienden Glaubenssatz und lass die innere Leine los.

Übung: Lass die innere Leine los!

Einschränkender Glaubenssatz	Befreiender Glaubenssatz
Ich muss mich anstrengen / Mein Hund muss sich anstrengen!	*Ich bin es mir wert, mir die Unterstützung zu holen, die zu mir und meinem Hund passt.*
Ich muss stark sein / Mein Hund muss stark sein!	*Ich darf alles sein / Mein Hund darf alles sein.*
Ich darf nicht auffallen / Mein Hund darf nicht auffallen!	*Ich darf mit all dem, wer, was und wie ich bin beherzt in meine Größe gehen.*
Ich muss es anderen recht machen.	*Ich darf ich sein, mich fühlen und mein „Chaoshund" lieben.*
Ich muss perfekt sein / Mein Hund muss perfekt sein.	*Ich darf auf mein Hundeherz hören, meinem Gefühl vertrauen und wissen, ich bin ok.*
Ich muss es perfekt machen / Mein Hund muss es perfekt machen.	*Ich bin frei, kann für mich entscheiden und darf das tun, was mir gut tut. Ich lasse die innere Leine los.*

Zum Glück schert sich dein Hund nicht um deine inneren Leinen. Er zeigt dir die Mittelpfote, auch wenn du dich noch so anstrengst, immer die/der Starke zu sein, dich bemühst, alles perfekt zu machen, perfekt zu sein, nicht aufzufallen und den Erwartungen der anderen zu entsprechen. Es wird dir damit nicht gelingen, Ordnung in dein „Chaoshund" zu bringen. Denn im Leben ist das Chaos nicht die Ausnahme, sondern die Regel.

Geschichte: Eine Wohnung ist zum Leben da!

„Heute war wieder mal so ein Tag, ich bin völlig durch", Vera schluchzt, „Mein Hund ist einfach mein verletzlichster Punkt. "

Seit Monaten sind Vera und ihr Mann auf Wohnungssuche. Endlich hat ein Makler angerufen, er hätte für sie etwas in Aussicht. Aber das mit dem Hund wäre schwierig. Man müsse den Vermieter überzeugen. Sie sollten ihn zu sich einladen und den Hund vorführen. Sicher ließen sich dann alle Vorbehalte aus der Welt schaffen.

„Anna, ich pack das nicht! Vor meinem inneren Auge laufen alle möglichen Horrorfilme ab. Cabo spürt doch meine Nervosität und dreht sicher völlig durch. Ich möchte den Vermieter nicht bei mir in der Wohnung haben. Am Telefon habe ich mich um Kopf und Kragen geredet. Schließlich lag ich die halbe Nacht wach. Wie sollen wir so nur eine Wohnung finden. Cabo ist kein Vorzeigehund. Um eine Wohnung zu bekommen, muss mein Hund perfekt sein. "
Vera ist total im Stress und versucht nach ihrem Glaubenssatz –
„Ich muss perfekt sein/Mein Hund muss perfekt sein" – zu handeln. Sie meint, wenn sie nur dafür würde sorgen können, dass Cabo zum Vorzeigehund würde, würde sie endlich eine Wohnung finden.

Dabei stellt sich im Coaching heraus, es geht gar nicht um Cabo, sondern um ein Lebensgefühl. Vera und ihr Mann laden gerne Freunde ein, ihr Mann macht Musik, Vera passt regelmäßig auf den Hund ihrer Freundin auf, usw. Die beiden wünschen sich eine Wohnung, in der sie so leben können. Cabo steht genau für diesen Freiraum, den es dafür braucht.

„Wie wäre es für dich, wenn du deine Wohnungssuche danach gestalten dürftest: „Ich darf auf mein Hundeherz hören, meinem Gefühl vertrauen und wissen, ich bin ok.“?

Vera geht einen Moment in sich, dann lächelt sie:

„Ich kann mich von dem Stress um das Thema Hund gerade ein bisschen lösen und erkennen, dass es eigentlich darum geht, was mir persönlich bei der Wohnungssuche wichtig ist. Ich möchte keine Vermieter, die mich ständig kontrollieren. Wir sind wirklich nette, zuverlässige Mieter und achten sorgfältig auf unser Zuhause. Mit dieser Haltung möchte ich dem Besuch des Vermieters entgegen sehen und das möchte ich ihm auch vermitteln.“

Ein paar Tage später rief mich Vera an und berichtete, dass der Kontrollbesuch in der Wohnung und das Kennenlernen von Cabo gar nicht erforderlich gewesen sei. Im Gespräch sei das Thema Hund nur am Rande vorgekommen und der Vermieter habe im Übrigen auch gefunden: „Eine Wohnung ist zum Leben da!“

Du bist jemand, der seine Verantwortung wahrnimmt und seine Pflichten kennt. Das ist eine tolle Eigenschaft. So jemanden hält man für vertrauenswürdig. Einem Hund, der sich so vertrauenswürdig zeigt, dem würdest du sicher mehr Leinenfreiheit zugestehen. Also sei nicht so streng zu dir: Lass die innere Leine los! Und wenn die Leine schon mal ab ist, dann können wir auch gleich mit dem „Chaoshund" ein wenig spielen.

Lass uns mit dem Chaoshund spielen

Man muss noch Chaos in sich haben,
um einen tanzenden Stern zu gebähren.
Friedrich Nietsche

Kürzlich hatten wir Hundebesuch im Büro und ich traute meinen Augen kaum, als sich meine sonst so strenge Chefin von diesem Hund zu einer Spielaktion hinreißen ließ. Wie gut, dass du einen Hund an deiner Seite hast. Denn Hunde können Menschen dazu bringen, die unmöglichsten Dingen zu tun. Sie können dich selbst im größten Chaos zu einem Lächeln ermuntern und zum Spiel auffordern. Diese Eigenschaft schätzen wir an unseren Hunden und wünschen uns insgeheim auch ein wenig mehr von dieser kindlichen Unbeschwertheit zurück.
In diesem Kapitel nehmen wir uns an unseren Hunden ein Beispiel und üben, mit dem „Chaoshund" zu spielen. Es geht darum, schwierigen Situationen mit Humor zu nehmen, auch mal über sich selbst lachen zu können und dadurch neue Einsichten zu gewinnen.

- Geschichte: Lass die das unter sich regeln
- Übung: Deine Radiosendung
- Übung: Verschiedene Sichtweisen
- Geschichte: Es könnte alles auch ganz anders sein

Schwierige Situationen mit Hund gehen uns auf irgendeine Art immer besonders nahe und hinterlassen ein Gefühl von bleierner Schwere. Humor kann dir dann eine Hilfe sein und dir ein bisschen Leichtigkeit zurückbringen. Vielleicht geht es auch ohne Humor. Aber es ist nur halb so lustig. Lachen befreit. Wenn du lernst, über dich selbst zu lachen, überwindest du auch deine Hürden leichter. Dein Hund ist dir in dieser Hinsicht immer ein Verbündeter. Spiel und Spaß gehören unbedingt zu seinem Repertoire. Außerdem kommst du mit Hund zwangsläufig immer wieder in Situationen, die ein seriöser, ordentlicher, strukturierter Mitmensch – sofern es diese gibt – nie erleben würde und über die es sich auch im größten Chaos herzlich lachen lässt.

Geschichte: Lass die das doch unter sich regeln

Auf der Morgenrunde bellt Titus einen vorbeifahrenden Radfahrer an. Dieser wendet sich um und meckert: „Sch.. Köter!" Georg, Herrchen von Titus, ist empört. Als wir uns treffen, meint er aufgebracht: „Der Mann hat mich beschimpft!" „Tatsächlich? Hat er dich beschimpft?" Nein, eher meinen Hund." „Also, dann ist doch alles gut." Ich schlage vor: „Lass die das doch unter sich regeln!" Wir stellen uns das bildhaft vor, überlegen uns noch ein paar Dinge, die Titus dem Radfahrer zugebellt haben könnte und müssen herzlich darüber lachen.

Nimm dich jetzt nur für einen kurzen Augenblick mal nicht so ernst und stell dir eine Parodie auf eine Situation mit Hund oder Mensch vor, die dich aus dem inneren Gleichgewicht bringt. Geht nicht? Dein Humor versteckt sich noch; dir ist absolut nicht zum Lachen zumute? Dann wollen wir nun gemeinsam ein bisschen trainieren und üben, über uns selbst zu lachen.

Übung: Deine Radiosendung

Such dir ein „schreckliches" Szenario aus, das du bereits erlebt hast und stell dir vor, ein Radiomoderator berichtet live von dir, z. B. wie bei einem Fußballspiel. Ich mache es dir einmal vor und du hast danach ein paar Zeilen frei, um es selbst zu versuchen:

„Die Nachbarskatze hat sich gerade wieder bereit gemacht und als Anna mit Cosmo vorsichtig um die Ecke biegt, schießt sie gekonnt über die Straße. Ein genialer Zug: Die Morgenruhe ist vorbei. Anna kämpft mit Cosmo und schafft es dabei noch lächelnd den entgegenkommenden Nachbarn zu grüßen. Unglaublich. Was für ein Spiel."

Wir würde ein Radiosprecher deine Geschichte erzählen?

Ich wette, dir ist nun doch noch ein kleines Lächeln entwischt. Der humorvolle Blick auf dich und deine schwierige Situation mit Hund oder Mensch zeigt dir vielleicht sogar Handlungsspielräume auf, die du vorher noch nicht gesehen hast und lässt dich befreit aufatmen.

Humor schafft Abstand und verändert die Sichtweise auf dich, deinen Hund und das ganze Chaos drumherum. Außerdem lockert er den Blickwinkel auf ein Thema, das wir im Alltag bereits in bestimmte Kategorien sortiert und bewertet hatten. Oh, es fühlt sich gut an, wenn wir die Dinge verstehen und wissen, was Recht und Unrecht, was richtig und falsch ist. Wenn es aber darum geht, kreative Lösungen für komplexe Probleme zu finden, stehen uns manchmal dieselben Kategorien im Weg.

Wir halten an den Kategorien „guter Hund-böser Hund" und „richtige Methode-falsche Methode" fest, weil wir denken, wenn wir die vielfältigen Sichtweisen zuließen, bräche vollends das Chaos aus und würde unkontrollierbar. Hundemenschen bekriegen sich regelrecht dabei, wenn es um die Wahl der richtigen Hundeerziehungs-, Ausbildungs- oder Ernährungsmethode geht. Viele beanspruchen für sich, den richtigen Weg gefunden zu haben und zu wissen, wo es im Leben mit Hund langgeht. Weichst du ein kleines bisschen vom Weg ab, möchtest z. B. den/die Trainer/in, die Hundeschule oder auch nur die Fütterungsmethode wechseln, ist das fast so, als würdest du aus der Kirche austreten wollen. Was richtig ist und was falsch, das scheint in der Hundewelt eine ernste Glaubenssache zu sein.

Irgendwie widersprüchlich, denn je mehr wir versuchen das Chaos zu bekämpfen, um so mehr Chaos gibt es. Das kannst du sehr schön anhand von Chatprotokollen in Hundeforen nachverfolgen, wenn über die richtige Erziehungs-, Ausbildungs- oder Fütterungsmethode im Internet diskutiert wird. Jede/r möchte die anderen mit der eigenen Überzeugung missionieren, dabei überschlagen sich die Kommentare und die Diskussion wird rasch unsachlich und persönlich. So schnell kannst du gar nicht gucken, wie der Konflikt eskaliert.

Dabei machen es uns Hunde doch schon vor und zeigen, wie man spielt. Sie sind in der Lage, die Rollen zwischen Jäger und Gejagtem flexibel zu tauschen und regelmäßig abzuwechseln. Im Unterschied zum Kampf geht es ihnen im Spiel nicht darum, Recht zu haben oder zu gewinnen, sondern darum zusammen Spaß zu haben.

Jede Erziehungs-, Ausbildungs- und Ernährungsform hat ihr Für und Wider. Es gibt dazu mehr, was sie alle verbindet, als was sie trennt. Nicht alle, aber viele sind dazu entwickelt worden, bei Problemen mit dem Hund zu helfen und mehr Freude mit dem geliebten Tier zu haben. Das ist doch auf jeden Fall schon mal eine Gemeinsamkeit. Wie wäre es, wenn wir alternativ auch mal mit dem „Chaoshund" spielen, anstatt ständig gegen andere Ideen, Ansätze und Meinungen zu kämpfen? Auf das „Chaoshund" gibt es viele verschiedene Sichtweisen, hier sind nur ein paar Beispiele, wie es noch sein könnte.

Übung: Verschiedene Sichtweisen

Finde eigene Beispiele

Abschied	*Neuanfang*
Selbstkritik	*Mut*
Einsamkeit	*Selbsterfahrung*
Veränderung	*Weiterentwicklung*
Verletzlichkeit	*Offenheit*
unvollkommen	*besonders*
Problem	*Herausforderung*
Fehler	*Chance*
Chaos	*Kreativität*

Denn „es könnte auch alles ganz anders sein", meinte jedenfalls Adolf Adler, einer der Begründer der Individualpsychologie. Wenn wir offen sind, dass das, was wir denken und wie wir eine Situation deuten, nicht die einzige Möglichkeit ist; dass es durchaus sein kann, dass wir von anderen positiv wahrgenommen werden, dann sind solche heilsamen Erfahrungen möglich wie die von Alex und wir könnten zwischen all den unterschiedlichen Ideen rund um die großen Kategorien „guter Hund-böser Hund" und „richtige Methode-falsche Methode" auch eine kreative Lösung für deine schwierige Situation mit Hund finden – z. B. diese: Du bist genau der richtige Mensch für deinen Hund. Du bist das Super-Tool!

Geschichte: Es könnte auch ganz anders sein

Alex erzählt: An einem sommerlichen Nachmittag gehe ich mit Balou durch meinen Wohnort zum Wald. Unterwegs begegnet uns eine Katze, dessen Name nicht genannt werden darf (sonst ist Balou direkt in Alarmbereitschaft). Natürlich bricht das Chaos aus und ich kämpfe mit meinem wildgewordenen Hund. Aus der Ferne werde ich auch noch beobachtet und denke direkt: „Die Leute meinen sicher, ich hab's nicht im Griff." Als wir an den besagten Passanten vorbeilaufen, spricht mich eine Frau an und sagt: „Da vorne läuft ein herrenloser Hund. Vielleicht könnten Sie sich darum kümmern. Sie wissen doch, wie man mit Hunden umgeht." Das war ihr voller Ernst! Seither kann ich mich in schwierigen Situationen mit Balou anders wahrnehmen, ich sehe, dass ich durchaus schon vieles weiß und kann, was andere schätzen.

Schluss mit dem Methodenkrieg: Mach es auf deine Art!

Folge nicht den Fußspuren der Meister: Suche, was sie gesucht haben.
Matsuo Bashō

In der Hundewelt herrscht ein Methodenkrieg darüber, welches der beste Weg für Mensch und Hund ist. Nach wie vor gilt es als Non-Plus-Ultra-Lösung, bekannten Hundetrainer/innen nachzueifern und deren Methode eins zu eins auf sich und den eigenen Hund zu übertragen. Dabei sind Methoden nur Wege, die andere für sich und ihren Hund gefunden haben und können daher nur bedingt für andere passen. Der Cesar-Milan-Effekt veranschaulicht das gut. Dieser Effekt stellt sich insbesondere nach exzessiven Konsum von Hundetrainingsserien im Fernsehen ein und man erkennt ihn daran, dass Hundehalter/innen wie eine billige Kopie ihres Ideals durch die Gegend laufen. Hunde kaufen uns dieses Theater nicht ab. Sie wollen uns folgen mit all dem, wer, was und wie wir sind.
Das ist leichter gesagt, als getan. Wer weiß schon, was ihn persönlich alles ausmacht? Deshalb gibt es in diesem Kapitel eine kleine Hilfestellung, wie du deine eigene Methode finden und auf deine Art führen kannst.

- Geschichte: Gespaltene Persönlichkeit
- Übung: Finde deinen Stil
- Geschichte: Das Lieblingsstück

In der Hundewelt gibt es viele tolle Methoden und Ansätze. Jeden Tag kommen neue dazu. Für jedes deiner Hundeprobleme kannst du aus mindestens hundert, naja das ist vielleicht doch ein wenig übertrieben, aber sagen wir mal zwanzig Methoden wählen, die dir alle vermitteln wollen, wie du deinen Hund am besten führen sollst. Hundehalter/innen und -trainer/innen bekriegen sich bis aufs Blut, mit welcher Methode du tatsächlich absolut positiv und hunde-pädagogisch einwandfrei deinen Hund in die entsprechenden Bahnen lenken kannst.

Doch alle Methoden sind im engeren Sinn Erkenntniswege. Also Wege, die andere für sich und ihren Hund gefunden haben. Für sie sind sie stimmig gewesen. Es ist also auch verständlich, warum sie als erfolgreich verkauft werden. Denn das waren sie auch. Die Betonung liegt auf „waren". Ihr Erfolg liegt in der Vergangenheit. Sie sind nicht allgemeingültiges Gesetz, sondern Möglichkeiten, wie es funktionieren könnte, weil es für mindestens eine Person – meistens für die Person, die die Methode entwickelt hat – schon mal funktioniert hat.

Diese Personen können dir ein Vorbild sein, sie können dich motivieren, etwas Neues zu versuchen und dir die Zuversicht geben, dass du es schaffen kannst. Aber Cesars Way ist eben Cesars Way und nicht deiner. Du wirst deine Probleme nicht lösen, indem du versuchst, jemanden nachzuahmen oder indem du daran festhältst, dass jemand oder etwas dein Ziel sein könnte.

Ich verstehe den Methodenkrieg in der Hundewelt daher überhaupt nicht. Methoden sind keine Non-Plus-Ultra-Lösungen und sie können auch nicht perfekt kopiert werden. Niemand auf der ganzen Welt hat die gleiche Stimme, macht die gleichen Gesten oder hat die gleiche Mimik. Sogar der Klang deines Klickers unterscheidet sich von allen anderen – frag mal deinen Hund, der hört diese Feinheit. Methoden sind nicht eins zu eins übertragbar. Es gibt tausend Unterschiede zwischen Menschen und Hunden und zwischen jedem Mensch-Hunde-Team sowieso. Jede einzigartige Methode entsteht aus den Erfahrungen und Erkenntnissen, die du über dich und deinen Hund gewinnst. Eine Methode ist nie gleich, sie ist jeden Tag ein bisschen anders. Die Methode, die für dich und deinen Hund funktioniert, setzt sich aus all dem zusammen, wer, was und wie du bist. Deine Methode, das bist im Grunde du selbst.

Geschichte: Gespaltene Persönlichkeit

Anne arbeitet als Angestellte, ist verheiratet, Mutter, darüber hinaus als Gemeinderätin engagiert und sie hat einen Hund.

„Ich nehme mich so zerrissen wahr. Für jeden Lebensbereich: Arbeit, Familie, Politik, Hundetraining, usw. gibt es bei mir einen anderen Dresscode. Bei mir liegen mehrere Stapel Kleider, die ich untertags je nach Anlass des Termins wechsle. Das ist so unglaublich anstrengend. Wie soll ich das und noch viel mehr zusammenbringen? Habe ich eine gespaltene Persönlichkeit? Muss ich mich nun für eines entscheiden?"

„Liebe Anne, nein, du musst dich nicht entscheiden. Das wäre Irrsinn. Denn das alles macht dich aus. Du darfst alles sein. Das alles bist du!"

Sie muss lachen: „Wenn ich mir das vorstelle, dass ich alles sein darf, dann mische ich demnächst meine Kleiderhaufen zu einem tollen Stilmix und nehme mir nur die Sachen heraus, die ich gerne trage, weil sie wirklich zu mir passen. Weißt du, was sowieso alle Kleider gemeinsam haben? Überall finden sich Hundehaare."

Wenn du selbst also deine Methode bist, dann wäre es vielleicht gut zu wissen, wer, was und wie du so bist, damit du demnächst weißt, wie du deinen Hund auf deine Weise führen kannst. Das ist wirklich keine leichte Frage und mir scheint, deine Einzigartigkeit kann man überhaupt nicht in Worte fassen. Das ist auch gar nicht notwendig. Es reicht fürs Erste völlig, einen passenden Ausdruck dafür zu finden, der dich immer mal wieder daran erinnert, wie sich das anfühlt, wenn du du selbst bist.

Es fühlt sich nämlich genauso an, wie wenn du deine Lieblingsklamotte anhast, ein Stück, das du sehr gerne magst, dich aber vielleicht (noch) nicht traust, in der Öffentlichkeit zu tragen, weil es zu schick ist oder zu ausgefallen, zu locker, zu sexy, zu bunt, zu hipp, zu teuer, zu billig, zu schlicht, zu dick, zu dünn, zu extravagant, zu ... ach du weißt schon, was ich meine. So ein Teil eben, das du nie wegwerfen würdest, weil es sich einfach so gut anfühlt. In der nächsten Übung findest du die Klamotte, mit der du dich pudelwohl fühlst, weil sie genau das repräsentiert, wer, wie und was du gerne bist.

Übung: Finde deinen Stil

Nimm dir einen Augenblick Zeit und die Ruhe für eine kurze Visualisierung.

Setz dich bequem hin, schließe die Augen und beobachte deinen Atem wie er kommt und geht. Mit jedem Atemzug kommst du mehr bei dir an.

Lass vor deinem inneren Auge ein Bild von einem Kleiderschrank entstehen, der randvoll gefüllt ist mit den fantastischsten Kleidern und allen möglichen Kostümen. Du darfst dich nun so lange umsehen und Klamotten ausprobieren, bis du etwas gefunden hast, das dich und deinen Stil repräsentiert. Eine Lederhose, eine filigrane Kette, ein dicker, roter Pullover, ein geblümter Pyjama, ein Piratenkostüm, ... Was suchst du dir aus? Wie bist du gerne, womit fühlst du dich so richtig wohl?

Wenn du dein Kleidungsstück gefunden hast, dann lass dich von ein paar tiefen Atemzügen langsam wieder an die Oberfläche deines Bewusstseins tragen. Komm wieder ganz dort an, wo du dich gerade befindest.

Welches Kleidungsstück steht für das, wie du gerne bist?

Du brauchst jetzt nicht gleich shoppen zu gehen und dir in echt ein paar neue Stücke zulegen. Stil ist ein Synonym für Methode und das Kleidungsstück ein Symbol dafür. Das Symbol soll dich im Alltag an deine Einzigartigkeit erinnern und daran, dass du mit deinem Hund du selbst sein darfst. Auf deiner Abenteuerreise mit deinem Hund brauchst du keine speziellen Hundeklamotten, du kannst alle deine Lieblingsteile in den Koffer packen. Du darfst sie alle tragen und so sein, wie du gerne bist.

Vielleicht kommen im Laufe der Reise ja noch ein paar Sachen dazu. Hunde sind ja bekannt dafür, dass sie deinen Spürsinn wecken und dir ganz neue Seiten an dir aufzeigen können. Unterwegs findest du daher ganz bestimmt noch mehr von dem, was wirklich deins ist und kreierst schließlich deinen ganz eigenen Stil.

Auf den Umgang mit deinem Hund bezogen mag das heißen, wenn du gut mit Leckerli (Futterbelohnung) arbeitest und dich damit sicher fühlst, dann mach es doch so. Du musst nicht meinen, wenn andere frei führen, dass du es genauso machen musst. Vielleicht frisst dein Hund auch gerne und warum solltest du das nicht nutzen? Andersherum wenn du einen Hund hast, der draußen nichts anrührt, musst du ihn nicht mit Fleischwurst dazu bringen. Du darfst vielmehr kreativ werden und nach Möglichkeiten suchen, wie du seine Aufmerksamkeit anders gewinnst. Dein Trainer sagt, die Leine muss so schnell wie möglich ab? Vielleicht ist es dein Weg mit deinem Hund, dass die Leine so oft wie möglich dran ist. Sprichst du in ganzen Sätzen mit deinem Hund? Warum solltest du es ändern, wenn dein Hund darauf hört. Bist du ein körperlicher Mensch, dann setzt du dich gegenüber deinem Hund vielleicht besser darüber durch. Eine/e andere/r vermag das nicht und macht es auf eine weichere Art, weil ihm/ihr das mehr liegt. Deine Methode besteht aus den Dingen, die für dich und deinen Hund funktionieren, weil du sie gerne machst und sie zu dir passen.

Geschichte: Das Lieblingsstück

Am Ende eines Workshops habe ich diese Visualisierung mit allen Teilnehmenden gemacht. Danach gab es eine Austauschrunde dazu. Die Teilnehmenden hatten sich aus dem Kleiderschrank folgende Dinge herausgesucht: „einen Schlafanzug, weil ich gerne gemütlich bin", „eine hellgrüne Outdoorjacke, weil ich gerne abenteuerlustig bin", „ein paar schicke, rote Pumps, weil ich gerne selbstbewusst bin", „eine braune Lederjacke, weil ich gerne locker bin", „ein leichter, glitzernder Schal, weil ich gerne feinfühlig bin" usw. Am Ende gab es noch eine Rückmeldung von einer Frau, die die Übung bereits aus meinen Vorträgen kannte und sie zum wiederholten Male gemacht hatte. Sie meinte strahlend: „Heute habe ich kein Kleidungsstück im Schrank gefunden, denn ich fühle mich jetzt gerade mit all dem, wer, was und wie ich hier bin total stimmig."

Viele Menschen orientieren sich am Stil bzw. an den Methoden anderer und versuchen diese bestmöglich zu kopieren. Vielleicht, weil sie denken, es sei nicht okay, wenn sie sich, mit all dem, wer, was und wie sie sind zeigen. Dein Hund kümmert sich nicht um den Methodenkrieg. Ihm ist auch wurscht, was du für Kleider anhast. Er spürt aber sicher, wenn du du selbst bist und folgt dir gerne mit all dem, wer, was und wie du bist. Denn all das macht dich aus. Trau dich, deinen eigenen Stil zu finden und zu leben: Mach es auf deine Art!

Das Geheimnis einer wundervollen Freundschaft

Es gibt keinen besseren Spiegel als einen guten Freund.
aus Spanien

Stolz präsentieren wir unseren Freund/innen, die besten Hundeabenteuer-Geschichten vom zerfetzten Sofa, über die gefressenen Cowboystiefel, das heimlich geklaute Grillhähnchen bis hin zum Sau-Hund, der sich unerlaubt ein Schlammbad genehmigte. Wir können ihnen nie lange böse sein und egal, was unsere Hunde tun, sie haben einen Platz in unserem Herzen.

Uns selbst fällt es schwer, uns sein zu lassen und so gern zu haben, wie wir sind. Immer wieder suchen wir nach Fehlern, Defiziten und nach Korrekturen, wollen vermeintliche Erwartungen von anderen erfüllen und die Beziehung zum Hund um jeden Preis verbessern.

Dabei musst du weder dich noch deinen Hund korrigieren, um die Beziehung zu verbessern. Du hast kein Defizit und dein Hund auch nicht. Erst die Freiheit in Beziehungen kann die Veränderung bewirken, die wir uns wünschen.

In diesem letzten Kapitel geht es darum, dir selbst ein guter Freund zu sein, um das Geheimnis einer wundervollen Freundschaft und wie du in Beziehungen persönlich wachsen kannst.

- Geschichte: Du bist du und dein Hund ist dein Hund
- Geschichte: Hak's ab!
- Übung: Echte Freunde
- Übung: Ein „Ja" für dich und deinen Hund

Die Verantwortung für ein Tier zu übernehmen, ist schon ein Mega-Projekt. Wenn dann Dinge schief laufen, sich z. B. eine Leinenaggression einstellt, dein Hund zu anderen Hunden ungewollt hinrennt, im Wald jagen geht, usw. dann ist der Frust groß. Gleiches gilt überall dort im Leben, wo du deinen Job so richtig gut machen willst und großen persönlichen Einsatz zeigst.

Wenn wir uns mit einem Projekt identifizieren, beziehen wir auch alles, was dabei schief geht, gerne auf uns selbst. Es heißt ja schließlich auch: „Wie der Herr so's Gescherr" / „Wie der Hund so der/die Halter/in". Also glauben wir am Ende daran, dass Herrchen bzw. Frauchen daran schuld sei, wenn Fehler passieren und Probleme auftauchen. Bedrohliche Fehlergefühle rühren meist genau daher, dass wir uns als Person mit den Fehlern identifizieren und daher befürchten: Der Andere wertet mich ab oder denkt schlecht von mir.

Geschichte: Du bist du und dein Hund ist dein Hund

Vera erzählt ihrem Arbeitskollegen Dominik von ihrem Hund Charly und wie sehr es sie belaste, dass er so sei, weil die Leute im Dorf einen schlechten Eindruck von ihr bekommen könnten. Dominik meint nur flachs: „Du hast also einen verrückten Hund und alle im Dorf wissen das. Dann ist die Sache doch geklärt!"
Vera befürchtet, dass man vom Verhalten des Hundes auf ihre Unfähigkeit schließen könnte, einen Hund zu führen. Für Dominik ist jedoch klar: „Dein Hund ist dein Hund und du bist Vera."

Es ist leichter nachzuvollziehen, dass dein Hund nicht der Fehler ist. Er ist dein bester Freund. Du weißt, egal was er gerade verbockt hat, im Grunde ist er ein feiner Kerl, er meint es gut und möchte dir gefallen. Gleiches gilt für dich: Deine Person ist unabhängig von deinem Verhalten absolut liebenswert. Dein Hund weiß das schon längst. Er versteht daher überhaupt nicht, warum du dich immer wieder so fertig machst. Auch wenn es heute nicht gut gelaufen ist, bist du deswegen kein schlechter Mensch und auch überhaupt kein Stück weniger liebenswert. Wir brauchen gute Freund/innen, die uns immer wieder daran erinnern: Du bist nicht der Fehler.

Geschichte: Hak's ab!

Mira erzählt von einer Situation, in der sie ihre Freundin Ella überrascht hat und wie dieser Moment ihre Sicht auf sich und die Probleme mit ihrem Hund positiv verändert hat.

„Vergangene Woche habe ich wieder eine schreckliche Situation mit meinem Hund erlebt. Worum es ging, ist jetzt nebensächlich, jedenfalls habe ich mit allen Mitteln versucht, Timmy zu beruhigen, aber es ist alles nur viel schlimmer geworden. Am Ende ist mein Hund komplett durchgedreht und ich habe mich vor allen Leuten blamiert. Schließlich bin ich auch erst kurz vor knapp nach Hause gekommen. Fast habe ich die Verabredung mit Ella, meiner Freundin, auch noch verpasst. Als Ella mich abholen will, stehe ich fix und fertig mit den Nerven in der Tür und ringe mit den Tränen. Ich glaubte, so kann ich jetzt unmöglich gehen.
Wir kennen uns über die Hunde und ihr passiert so was bestimmt nie mit ihrem Hund. Unter Tränen erzähle ich ihr trotzdem kurz, was los gewesen ist und wie ich wieder versagt habe. Ella hörte mir in aller Ruhe zu und meinte schließlich überraschend:

„Es ist gar nicht so leicht mit so einem Hund wie Timmy und du machst es in so vielen Situationen schon richtig gut. Jetzt ist es mal schiefgegangen, das war sicher nicht schön, aber doch überhaupt kein Grund, dich so fertig zu machen und an dir zu zweifeln. Es ist niemand zu Schaden gekommen und überhaupt nichts Schlimmes passiert. Du hast deine Schlüsse daraus gezogen. Wir machen uns jetzt 'nen schönen Abend. Hak's ab!"

Meine ganze Verzweiflung ist mit einem Mal verpufft. Denn Ella hat mich wider Erwarten nicht verurteilt und beschuldigt. Da habe ich erkannt: Ella hat mich so akzeptiert wie ich bin, für sie bin ich nicht der Fehler.

Etwas irritiert darüber, dass meine Tränen so schnell versiegt sind, bin ich dann doch noch mit ihr los. Tatsächlich konnte ich meine schwierige Situation mit meinem Hund einfach so stehenlassen und den Abend trotzdem genießen. Wenn ich wieder denke, ich sei der Fehler, möchte ich mich daran erinnern und versuchen, mir selbst auch eine gute Freundin zu sein."

Allen Menschen passieren ständig irgendwelche Fehler. Besonders dann, wenn man sich auf unbekanntes Terrain wagt und etwas Neues versucht, kommt es unvermeidlich dazu. Einen Fehler zu machen, bedeutet in erster Linie, dass eine Erwartung oder Anforderung noch nicht erfüllt ist. „Noch" heißt, da ist Luft nach oben. Du hast das Zeug dafür, denn du möchtest es gut machen. Übrigens genau wie dein Hund, bei dem du aus genau diesem Grund über so manch ausbaufähiges Verhalten getrost hinwegsehen kannst.

Manche Erwartungen kannst du auch gar nicht erfüllen. Nämlich die, von denen du nur annimmst, dass andere sie an dich stellen. Eine Hundehalterin erzählte mir, dass ihr Hund wiederholt Kinder auf Skateboards und Rollschuhen angebellt hatte. Sie hatte sich gedacht: „Ich muss noch besser aufpassen. Die Nachbarn erwarten das jetzt sicher von mir. Um Beschwerden vorzubeugen, habe ich daher einen Maulkorb antrainiert." Als sie zum ersten Mal mit Hund und Maulkorb durch die Straßen ihres Wohnorts spazierte, meinten ihre Nachbarn: „Wieso braucht ihr Hund denn einen Maulkorb? Sie sind doch immer so diszipliniert unterwegs."

Leider sitzen die negativen Erwartungshaltungen tief, obwohl wir auch diese guten Momente kennen, in welchen andere Menschen uns durchaus wohlgesonnen sind. Das hat damit zu tun, dass wir Teil der Natur sind und unser Gehirn unser Überleben sichern soll. Es merkt sich daher schneller potentielle Gefahren als positive Erfahrungen und wählt auch entsprechend immer die Erfahrungen aus, die diese bestätigen. So können wir immer schneller Gefahren erkennen und vermeiden und uns z. B. vor Angriffen durch Raubtiere schützen. Durch solche lebensbedrohlichen Gefahren sind wir glücklicherweise nicht mehr unmittelbar bedroht. Dennoch funktioniert unsere Wahrnehmung noch genau so und auf diese Weise können auch negative Erwartungshaltungen entstehen, wie z. B. der andere denkt schlecht von mir, wertet mich ab und respektiert mich nicht. Verständlicherweise sind solche Situationen unangenehm, aber auf keinen Fall mehr lebensbedrohlich. Unser Leben ist heute viel komplexer als damals und das, was andere von uns denken und halten mögen, liegt häufig außerhalb unseres Einflussbereichs und ist auch längst nicht mehr so problematisch, wie es uns unser Gehirn vermitteln möchte.

Um den Druck in dir zu lösen, den du aufgrund der vermeintlichen Erwartungshaltungen aufgebaut hast, kannst du dein Gehirn überrumpeln und deine Aufmerksamkeit bewusst auf die Erfahrungen lenken, in denen du eine positive Erfahrung gemacht hast. Wenn du wieder einmal aus deiner Sicht einen großen Fehler begangen hast und mit deinem Hund nach Hause kommst, kannst du dich entscheiden, die Türe zuzuschlagen, die Leine in die Ecke zu pfeffern, ein langes Gesicht zu machen, dir die Haare zu raufen, den Hund auf seinen Platz zu befehlen, den Rest des Tages mit dir hadern, zu kämpfen und dich selbst zu bestrafen – oder: Du hörst auf zu denken, du seist der Fehler und erkennst: Du und dein Hund, ihr habt es für heute so gut gemacht, wie ihr konntet. Du kannst dich daran erinnern, dass andere Menschen sich dir gegenüber freundschaftlich verhalten und großzügig über deine Fehler hinwegsehen, weil sie dich mögen, so wie du bist. Positive Erfahrungen mit echten (Hunde-) Freund/innen sind so wichtig, weil wir ihre Sicht der Dinge annehmen können. Wenn wir ihm/ihr ins Gesicht blicken, wissen wir, dass er/sie es ehrlich mit uns meint.

Übung: Echte Freunde

Beschreibe hier eine Erinnerung, in der sich ein/e gute Freund/in dir gegenüber kameradschaftlich und großzügig verhalten hat.

Wir wünschen uns eine glückliche Beziehung mit unserem Hund und wir tun wirklich alles dafür, um uns und den anderen entsprechend zu verändern. Immer wieder suchen wir nach Fehlern, Defiziten und nach Korrekturen, wollen vermeintliche Erwartungen von anderen erfüllen und die Beziehung zum Hund um jeden Preis verbessern. Dabei können wir die Veränderungen, die wir uns wünschen, erst bewirken, wenn wir uns und unseren Hund von unserem Erwartungsdruck befreien, wir müssten fehlerlos sein.

Fehler halten dich fit und geben dir Rätsel auf. In jedem Fehler steckt eine Chance, persönlich zu wachsen. Also wenn du dich schon mit deinem Projekt Hund und all seinen Fehlerquellen identifizieren magst, dann kannst du dich gleich auch mit der Chance identifizieren, die darin für dich steckt, dir selbst dein bester Freund oder deine beste Freundin zu sein.

Übung: Ein „Ja" für dich und deinen Hund

Um dich und deinen Hund von Fehlergefühlen und Erwartungs-druck zu befreien, schlage ich dir vor, mit Affirmationen zu arbeiten. Eine Affirmation ist ein mentales Werkzeug zur Selbst-unterstützung. Sie besteht aus Sätzen, die uns entlasten und Mut machen.

Affirmation:

Jetzt und hier bin ich zur richtigen Zeit am richtigen Ort.
Ich möchte mir ein guter Freund sein, mir Fehler zugestehen und aus ihnen lernen.
Mit jedem „Ja" zu mir und meinem Hund wird mein Leben leichter.
Ich bin auf meinem Weg.

Spürst du die Wirkung dieser Sätze bereits beim Lesen? Dann kannst du sie noch vertiefen, indem du sie dir am besten laut vor dem Spiegel ins Gesicht sagst, so dass du es dir selbst auch glauben kannst. Du kannst die Sätze alternativ aufschreiben, sie dir in die Hosentasche stecken, im Handy abspeichern und sie bei dir tragen, bis sie dir in Fleisch und Blut übergegangen sind.

Du musst weder dich noch deinen Hund korrigieren, um die Beziehung zu verbessern. Du hast kein Defizit und dein Hund auch nicht. Wie versprochen, möchte ich dir nun noch das Geheimnis einer wundervollen Freund-schaft verraten und wie du tatsächlich die Veränderung bewirken kannst, die du dir wünschst.

Wundervolle Freundschaften beginnen bei dir, wenn du lernst, mit dir in Kontakt zu gehen, dich ernst zu neh-men und dir selbst ein guter Freund zu sein. Manche meinen, das sei egoistisch und dass man so auf Distanz zu anderen und dem Hund gehe. Dabei ist das Gegenteil der Fall. Diese Distanz schafft Nähe. Du fängst bei dir an, weißt, wie du denkst, fühlst, handeln möchtest und übernimmst die Selbstführung. Damit befreist du den anderen von deinen Erwartungshaltungen und Ansprüchen. Du nimmst ihn so wie er ist, bist offen für ihn und möchtest sein Denken-Fühlen-Handeln verstehen. Hier begegnet ihr euch auf Herzenshöhe und viel näher kann man sich kaum noch kommen.

Wundervolle Freundschaften sind die, in welchen man sich in schwierigen Situationen gegenseitig Halt gibt, sich die schönen Dinge des Lebens immer wieder aufzeigt, ohne den Schmerz, die Angst und die Überforderung des anderen abzuwerten. Es sind die Beziehungen, in welchen du spürst, dass du wirklich du selbst sein darfst. Dann passieren nämlich genau die Wunder, die wir uns wünschen, wir können persönlich wachsen und gemeinsam groß werden. Unsere Hund zeigen es uns bereits: Persönlich wachsen geht nicht alleine, wir brauchen die anderen. In dieser Hinsicht können wir noch einiges von unseren Hunden lernen. Bis dahin dürfen wir mit ihnen zusammen persönlich wachsen.

4.
Hund gut, alles gut?

Happy End mit Traumhund

Gib nicht auf: Du weißt nicht, wie nah du deinem Ziel bereits bist!

Mein Traumhund weckt mich morgens liebevoll mit einem zärtlichen Schmatz. Er bringt mir die Pantoffeln ans Bett und wartet geduldig, bis ich meine Morgenwäsche hinter mich gebracht habe. Er freut sich, wenn er mich zum Bäcker begleiten darf und wartet brav vor dem Laden, bis ich mit dem Frühstück wieder herauskomme. Natürlich fährt er mit mir gerne im Auto zur Arbeit. Er mag meinen Chef und alle Kollegen. Sie finden ihn ebenfalls toll. In der Mittagspause ist er zufrieden, wenn wir ein paar Minuten Bällchen spielen. Sonst liegt er ruhig unter meinem Schreibtisch und man merkt ihn kaum. Er hellt die Stimmung im Büro auf und ich gehe gerne mit ihm zur Arbeit. Auf dem großen Spaziergang am Nachmittag treffen wir seine Hundekumpels und ich lasse ihn frei laufen. Aus dem Spiel heraus kommt er direkt, wenn ich pfeife mit einem Blümchen im Maul angaloppiert. Es gibt nie Stress mit anderen Hunden. Katzen sind seine dicksten Freunde und Jagen ist für ihn ein absolutes Fremdwort. Kinder mag er sowieso und lässt alles mit sich machen. Der perfekte Familienhund. Außerdem hat er einen Job: Er ist ausgebildeter Rettungshund und hat schon viele Leben gerettet. Er bewacht unser Haus, bellt aber nur im Ernstfall. Er kann unterscheiden, wer ins Haus darf und wer nicht. Mein Traumhund ist immer an meiner Seite, liebt alle Menschen und Tiere und ist ein Herz auf vier Pfoten.

Mit Hund wird alles gut? Ha, ha! Es ist hart, aber die Realität sieht anderes aus. Der Traumhund ist in Wirklichkeit mal mehr und mal weniger aber im Grunde immer, immer, immer ein „Chaoshund". Auch wenn es da noch so tolle Geschichten von Hunden gibt, die ihren Menschen helfen, sie therapieren, coachen, von schweren Krankheiten heilen und ihnen am Ende das Leben retten.

Erst gestern hat mir wieder jemand so ein herzzerreißendes Video geschickt mit dem netten Kommentar: „Was für ein Coaching-Team!" Nachdem ich tief gerührt in fünf Minuten miterleben durfte wie ein Tierheimhund sein Herrchen von Herz-Kreislauferkrankungen heilt, Herrchen 50 Kilogramm ohne Diät abnimmt, um schließlich von der Couch-Potatoe zum Marathon-Läufer zu mutieren, sitze ich beeindruckt vorm Bildschirm: „Was für eine Geschichte, was für ein Happy End!" Neben mir wufft Cosmo, weil eine Fliege gerade die Grundstücksgrenze überfolgen hat. Ich überlege, wie wohl unser Film aussehen könnte. Mein Hund hat mich weder von schrecklichen Krankheiten geheilt, noch hat er mich mit seinem „Yes, you can-Blick" dazu motiviert, Marathon zu laufen. Dafür hat er mich viel Zeit und Geld für Hundetraining, Bücher und Hilfsmittel, schlaflose Nächte und meine Lieblings-Cowboy-Stiefel gekostet, einen Umzug notwendig gemacht, meine berufliche Laufbahn verändert, Konflikte heraufbeschworen, meine Nerven strapaziert, mich beinahe in eine Lebenskrise gestürzt und mir sehr, sehr viel Kopfzerbrechen bereitet. Anstatt „Yes, you can" hat er mir regelmäßig seine Mittelpfote gezeigt und mich mit seinem „F* you"-Blick angesehen.

Mein Hund hat mein Leben verändert, aber nicht wie der Held auf vier Pfoten in dem Werbespot für Tierschutzhunde. Nein, mein Hund ist in unserer Geschichte der Anti-Held. Er besticht nicht von Anfang an durch besonders positive Eigenschaften, es sind gerade seine Schwächen, für die ich ihn am Ende am meisten schätze und liebe.

Als er sich den Hund aus dem Tierheim holte, hatte der Mensch im Video bestimmt nicht das Ziel, 50 Kilogramm abzunehmen oder Marathon zu laufen. Nein, er wollte einfach nur einen Hund. Er hatte nichts mehr zu verlieren und war bereit für ein Abenteuer.

Wir können uns unseren Traumhund nicht selber basteln oder erwarten, dass mit Hund alles gut wird. Dein Happy End mit Traumhund entsteht in der Rückschau durch die vielen kleinen Schritte, die du mit ihm bis dahin gegangen bist.

Leider ist uns dieser Rückblick manchmal verstellt und es fällt schwer, die eigenen Erfolge auch als solche zu sehen und anzunehmen. Wir erwarten den großen WOW-Effekt und die riesengroße Erleichterung, wenn wir unser Ziel erreicht haben. Wenn dieser ausbleibt, machen wir einfach weiter und stecken uns neue Ziele. So verpassen wir Momente, in denen wir zu recht stolz auf uns sein könnten. Aus diesem Grund tippe ich hier für dich einen kleinen Brief ab.

Ein Brief für dich

Stell dir vor, dieser Brief läge in deinem Briefkasten...

... täglich gehst du bei jedem Wetter mit deinem Schatz spazieren. Ich glaube, es ist wirklich dein Schatz. Denn mit wem würdest du sonst bei Wind und Schneegestöber freiwillig und gerne über die Felder gehen? Ich beobachte euch schon eine ganze Weile.

Am Anfang erinnere ich mich an den ständigen Kampf und immer wieder mal laute Diskussionen zwischen euch beiden auf der Straße. Du sahst manchmal verzweifelt aus und hast mit Mühe deine Tränen versteckt. Ich konnte deinen Ärger und deinen Frust so gut verstehen, denn es kostet viel Kraft, eine neue Sprache zu lernen und immer konsequent zu sein.

Mittlerweile habt ihr euch aufeinander eingestellt und verständigt euch durch feinere Signale. Nur noch selten höre ich ein lautes Wort oder wütendes Gebell. Dafür höre ich dich hin und wieder beruhigende und nette Dinge zu deinem Hund sagen. Sogar wenn es eine blöde Situation gab, hast du es schon geschafft, nicht mehr lange böse auf dich und deinen Hund zu sein. Ich sehe das an deiner Haltung. Früher bist du rasch eingeknickt und mit hängenden Schultern weitergegangen. Jetzt läuft da eine aufrechte Frau/ein aufrechter Mann, die/der, wie ich erstaunt feststellen konnte, laut über sich selber lachen kann.

Weißt du eigentlich, wie viel du bereits erreicht hast? Ich würde dir gerne sagen, dass ich eure Fortschritte sehen kann und dass ich mich darüber freue. Vielleicht denkst du, dass du noch nicht alles kannst und ihr noch nicht perfekt seid. Aber von hier, von meinem Fenster aus, erhasche ich ein wundervolles Bild. Denn ich sehe eure gemeinsame Entwicklung. Mich macht es zufrieden und glücklich, wenn ich sehe, dass sich Menschen und Hunde auf diese Art und Weise aneinander annähern können und das Abenteuer Leben zusammen wagen.

Ich wünsche dir viel Freude und immer mehr glückliche Momente
mit deinem Schatz! Sei stolz auf dich, auf deinen Hund und auf
das, was ihr beide bis heute erreicht habt.
Absender Anonym

Hast du deine eigenen Veränderungen bemerkt, die sich
in der Beziehung mit deinem Hund über die Zeit eingestellt haben? Du kannst zu recht stolz auf dich sein und
auf die vielen kleinen Schritte, die du bis hierhin gegangen bist. Entwickle selbst eine Erfolgsidee von dir und
erinnere dich immer mal wieder an das, was bereits gut
gelaufen ist. Bleib offen für dein Happy End mit deinem
Traumhund. Du darfst gespannt sein, was euch noch alles passieren wird!

Erfolgsgeschichten

Hier kannst du dir deine kleinen und großen Erfolgsgeschichten notieren. Wann war es z. B. heute gut?

Wie soll das am Ende ohne Hund gehen?

Vielleicht sind wir mittlerweile überein gekommen, dass du mit deinem Hund persönlich wachsen kannst. Vielleicht siehst du sogar, dass er stellvertretend oder gar trotzig etwas für dich auslebt, was du dich (noch) nicht traust und dass da tatsächlich die Chance ist, dir zu erlauben, das auch zu leben oder es zumindest zu lernen. Vielleicht ist der Hund auch deine Berufung und deine Motivation jeden Tag aufzustehen, weil er dir in schwierigen Situationen sehr geholfen hat oder dich daran erinnert, dass es noch mehr im Leben gibt.

In diesem Fall kann es sein, dass sich dir die Frage aufdrängt: Wie soll das konkret ohne diesen Hund gehen? Wie sollst du ohne einen Hund dranbleiben, der vor geht und dir zeigt: „Ich kann das, dann kannst du es auch!" Ohne den guten Freund, der dich durch alle Lebenslagen begleitet und dich so nimmt und liebt wie du bist; der geduldig und fraglos im Vertrauen auf dich wartet, bis du in die Puschen kommst; ohne deinen Partner mit der kalten Schnauze, der dich ganz klar deine Grenzen spüren lässt und dich fordert, konsequent für dich einzustehen.

Hunde sind wundervolle Tiere, sie tun uns wirklich gut und sind für manche auch eine Chance, persönlich zu wachsen. Leider dauert ein Hundeleben nicht ewig und die Hunde, die uns auf diese Weise begleiten, werden irgendwann nicht mehr an unserer Seite sein. Uns bleibt dann nur die Erinnerung an ihre Geschenke – die Liebe, die Freiheit und die Verbindung zur Natur – und die großen und kleinen Wunder, wenn sie uns ausdauernd den Spiegel vor halten, uns unsere Verletzlichkeit zeigen und dezente Hinweise auf unsere Ziele geben.

Das alles ist Persönlichkeitsentwicklung mit Hund und es ist schwer vorstellbar, wie es ohne Hund gehen soll. Manche behaupten sogar, ein Leben ohne Hund lohne sich nicht. Aber bevor es dir ganz eng ums Herz wird und du traurig wirst, weil du schon den Abschied von deinem geliebten Tier vor Augen hast: Du musst nicht ohne Hund leben!

Es geht gar nicht darum, ohne Hund zu leben, sondern das umzusetzen, was wir mit ihm gelernt haben und auf alle anderen Lebensbereiche zu übertragen. Du darfst den Hund ganz groß machen. Denn was wir mit unseren Hunden lernen dürfen, das gilt weit über die Mensch-Hund-Beziehung hinaus. Wir lernen mit ihnen fürs Leben. Wir lernen mit ihnen, den Boden unter den Füßen, das Fell zwischen den Fingern und die Liebe im Herzen zu spüren. Wir lernen, uns so zu geben, wie wir wirklich sind und mit uns selbst zufrieden zu sein. Im Grunde bedeutet einen Hund zu führen, eine Beziehung zu führen und diese Beziehung fängt bei uns an. Dazu musst du nicht vom Menschenberuf in den Hundeberuf wechseln, dir ein Rudel Hunde anschaffen und dich in die Hundewelt zurückzuziehen. Um dich wild und frei zu fühlen, deinem Herzen zu folgen, für dich einzustehen und mutig deinen Weg zu gehen, musst du nicht aus dir raus kommen, ein anderer Mensch werden und dir mit Gewalt den Weg frei räumen. Du musst dich nicht anstrengen, kämpfen und in Führung gehen. Du darfst in Führung SEIN. Du kannst in jeder Beziehung – sei es zu Mensch oder Hund – lernen, du selbst zu sein.

Hunde fordern uns, Selbstverantwortung zu übernehmen und eine liebevolle Beziehung mit uns selbst zu führen. Persönlichkeitsentwicklung mit Hund ist ein Weg von vielen, der diese Auffassung von Lebensführung sichtbar werden lässt. Es ist nicht fair, die Verantwortung auf die Hunde abzuwälzen, sich auf sie zu stützen und uns Menschen an ihnen aufzurichten. Hunde sind nicht die besseren Menschen. Nur wir können diese besseren Menschen sein und vielleicht hilft uns unser Hund dabei. Das ist möglich und machbar mit und ohne Hund an deiner Seite. Ich erinnere mich an den Bettenverkäufer, die Yogalehrerin, die Arbeitskollegin, die Steuerberaterin, den Personalcoach, den Sozialwissenschaftler, die Künstlerin, den Zahntechniker, die Lektorin, die Nachbarin, den Versicherungsangestellten, die Personalreferentin, die Eltern, den Geschäftsmann, den Vermieter, die Richterin, die Gesangstherapeutin und noch so viele Menschen mehr, die mir zuerst ohne Hund und in völlig hundefremder Umgebung begegnet sind. Doch da war etwas anders an ihnen und als wir auf den Hund zu sprechen kamen, wunderte mich nichts mehr. Der Hund war da, auch wenn sie ihn nicht bei sich hatten. Er ist ein Teil unserer Persönlichkeit, wenn du so willst, tragen wir ihn in unserem Herzen und das verbindet uns alle. Je mehr ich mein Hundeherz zeigte, um so mehr dieser Menschen begegneten mir. Wie unsere Hunde fangen diese Menschen bei sich an, lassen den anderen sein wie er ist und begleiten einen auf dem eigenen Weg. Diese Menschen tun uns einfach gut und sind für manche auch eine Chance, persönlich zu wachsen.

Das Leben lohnt sich, wenn wir den Hund in uns (mehr) leben und diesen Teil unserer Persönlichkeit (mehr) zeigen. Am Ende musst du gar nicht ohne Hund leben, denn du bist auch ohne Hund, was du mit ihm bist. Die Welt braucht nicht mehr Hunde, sondern Menschen wie dich, die mit ihrem Hund im Herzen mutig und klar ihren Weg gehen.

Dank Chaoshund

Als ich mit diesem Buch begonnen habe, wusste ich nicht, wie ich es schreiben würde. Aber ich wusste eines ganz bestimmt: DASS ich es schreiben würde. Das Schreiben war für mich eine spannende Abenteuerreise, auf der ich auch nochmal meinen Weg mit meinem Hund und all seinen Höhen und Tiefen bis hierher nachvollziehen konnte.

Mein Traum war es immer gewesen, ein Buch zu schreiben und so zögerte ich keine Sekunde, als ich dieses Angebot bekam. Aber hätte mir jemand vor ein paar Jahren gesagt, dass mein Hund mir diese Chance bieten würde, ich hätte laut gelacht, weil ich es nicht für möglich gehalten hätte. War das doch der Bereich in meinem Leben, den ich auch als Strukturgeberin irgendwie nicht aufgeräumt, geschweige denn sortiert bekam. Gleichzeitig war mein Hund aber genau das Thema, ohne das mein Leben nicht denkbar gewesen wäre. Niemals hätte ich mich von ihm trennen wollen. Die Entscheidung für ihn war meine ganz persönliche, mit der ich mutig und klar für mich und meine Vorstellungen vom Leben eingestanden bin. Auf dem Weg mit ihm habe ich gelernt, dass es nicht reicht, einmal eine Entscheidung zu treffen und zu hoffen, dass es dann schon laufen wird. Er fordert von mir, dass ich die Orientierung immer wieder in mir finde und für mich einstehe. Er hat mir gezeigt, dass Widersprüche zum Leben dazu gehören. Wir müssen in unserem Leben nicht immer alles schön aufgeräumt haben, sondern dürfen mit dem Chaos spielen und wissen, dass wir die Struktur immer wieder in uns finden können.

Mit diesem Buch verhielt es sich schließlich genauso: Ich weiß nicht wie oft ich schon gesagt habe, dass ich mir sicher bin, dann oder dann bin ich fertig. Aber mit diesem Buch ist es anders, alle bisherigen Schreibstrategien greifen nicht. Es gibt keinen chronologischen Schreibprozess. Das Buch schreibt sich auf langen Spaziergängen, im Traum, in inspirierenden Gesprächen und oft nur dadurch, dass ich mit Cosmo auf dem Bett liege und meine Gedanken von der Leine lasse. Es war mir ein Rätsel, denn immer wenn ich ihm bzw. mir (Erwartungs-)Druck machte, sagte es: Nö! und zeigte mir die Mittelpfote. Ich habe das Buch von innen nach außen, von außen, nach innen und nochmal von innen nach außen geschrieben. Die Kapitel wollten es genau wissen und stellten wichtige Fragen, die sich nicht mal eben in drei Sätzen beantworten ließen. Trotzdem wurden die Seiten einfach nicht mehr, egal wie sehr ich mich abmühte. Das ist mir bei allen vorangegangenen Schreibprojekten noch nie so passiert und lag vermutlich echt am Thema. Wenn man über Persönlichkeitsentwicklung mit Hund schreibt, braucht man sich nicht wundern, wenn auch das Schreiben dieses widerspiegelt. Dieses Buch ist ein Zauberbuch, denn es fordert mich, genau das zu leben, was ich schreibe. Es brauchte Leichtigkeit, Freude und viel Raum und es ist bestimmt auch kein Zufall, dass es mir darum ging, genau diesen Raum für Persönlichkeitsentwicklung in der Hundewelt zu öffnen.

Das Buch kam nicht aus meinem Kopf, ich habe es vielmehr mit meinem Hundeherzen geschrieben. Es ist ein Teil von mir geworden. Daher fiel es mir ehrlich schwer, mich von ihm zu verabschieden und mein Happy End mit Traumhund zu finden. Auf der Suche nach einer gu-

ten Idee bin ich nochmal alle meine Notizen durchge-
gangen. Dabei kam ich nicht umhin, mich an die vielen,
wundervollen Begegnungen mit all den besonderen
Menschen und ihren besonderen Hunden zu erinnern,
die dazu geführt haben, dass nun dieses Buch herausge-
kommen ist. Irgendwie fing es an, in meinem Bauch zu
kribbeln und mir wurde unwahrscheinlich warm ums
Herz. Wenn du dich getragen fühlst und zärtlich verbun-
den mit dem Leben, der Natur und den Menschen um
dich herum, ruhig und sicher im Wissen, dass sich alles
fügen wird, dass du auf deinem Weg bist, voller Vertrau-
en, dass alles gut wird, dann ist das die Dankbarkeit und
gerade bin ich randvoll davon, so voll, das ein wenig davon aus meinen Augen tropft. Dank „Chaoshund" bin
ich mir selbst auf die Spur gekommen und ganz neben-
bei ist für mich ein Traum in Erfüllung gegangen. Plötzlich ging mir auf, dass mein ganz persönliches Happy
End mit Traumhund direkt vor meiner Nase liegt: Es ist
dieses Buch.

Nun wird es Zeit, das Buch loszulassen und Abschied zu
nehmen. Ich tröste mich selbst ein wenig mit folgenden
Gedanken: Diese Geschichte findet heute und hier zwar
ein Ende. Damit ist das Thema Persönlichkeitsentwicklung mit Hund aber noch lange nicht zu Ende. Das war
bestimmt nicht alles, was es dazu zu erzählen, zu schreiben und zu tun gibt. Die Abenteuerreise mit Hund geht
weiter und ich bin gespannt, was sie noch so alles für uns
bereit hält. Ich freue mich auf deine Geschichte. Los
geht's Abenteuer!

Ebenfalls bei FRED & OTTO erschienen:

Silvia Hüllenkremer
Der Hund als Spiegel der Seele
Worauf uns unsere Hunde aufmerksam machen
200 S., 12 x 19 cm, Broschur
ISBN: 978-3-95693-022-5
Preis: 12,99 €